# 目次

※本書に記載の「コロナ禍」「コロナ危機」とは新型コロナウイルス感染症の流行により発生したさまざまな災い，社会問題などを広く意味しています。

# 人は一人では生きられない

❶ _____
❷ _____
❸ _____
❹ _____
❺ _____
❻ _____
❼ _____
❽ _____
❾ _____
❿ _____
⓫ _____
⓬ _____

memo
- - - - - - - - - - - - -
- - - - - - - - - - - - -
- - - - - - - - - - - - -
- - - - - - - - - - - - -
- - - - - - - - - - - - -
- - - - - - - - - - - - -
- - - - - - - - - - - - -

## 生きる意味と青年期の葛藤

1. 心理学者のマズローは欲求を5つ階層化した。「生理的欲求」「安全の欲求」「所属と愛情の欲求」「承認欲求」，これらが実現されると最高次の「❶_____ の欲求」が現れると考えた。

2. 自我に目覚める青年期をフランスの思想家ルソーは❷_____ と呼んだ。

3. アメリカの心理学者エリクソンは「❸_____ の確立」を青年期の発達課題と考えた。

## なぜいじめは起こるのか

4. 集団に溶け込み，周りと同一化するような自己のあり方は❹_____ を求める生き方である。

5. 他者の異質な部分を強調し，他者を排除する行為は社会では❺_____ として現れる。

6. 民族への❺が暴走して起こったのがナチスによるユダヤ人虐殺（❻_____）である。

## 公共的空間とは何か

7. ユダヤ人の哲学者アーレントは，他民族を排斥し国民の同質性を高めていく国家のあり方を❼_____ として批判した。

8. アーレントは，人と人が自分の意見を表明し議論をするコミュニケーションの場を❽_____ と呼んだ。

9. ❽とは，人間がそれぞれ異なる価値観や意見をもっているという❾_____ を尊重する社会である。

## 「アイデンティティ」について確認しよう

● 日本語では❿_____ と訳される。

● 過去，現在，未来などの時間や，家族，友達，学校など他者との関係の中で，さまざまな自己を⓫_____ の自己と自覚することである。

● アイデンティティの⓬_____ が起こると，自分を肯定的に捉えられなくなり，また社会の中での自分の居場所を失う。

---

演習問題

### 次の行為はアーレントのいう労働（a），仕事（b），活動（c）のそれぞれどれにあたるか

A 生活困窮者を助けるための支援活動………（　　　　）
B コンビニエンスストアでのアルバイト……（　　　　）
C 洗濯や料理，掃除などの家事………………（　　　　）

D 音楽活動や執筆活動………（　　　　）
E 職場の環境改善を訴える労働運動
　………………………………（　　　　）

---

*think about it!* 自分事として考えてみよう

Q マズローの欲求5段階説に基づき，自分の中にどのような「承認欲求」と「自己実現の欲求」があるか，考えてみよう

Q あなたの学校の中には「画一性」に基づくグループがないだろうか。あなたはなぜそのグループに所属しているのか，あるいはしていないのか，考えてみよう

# 人はどのようにつながるのか

## 家族における交換

1. 家族は親密で濃厚な❶＿＿＿＿＿関係で結ばれている。

2. 家で無償でご飯が食べられるのは親から子への❷＿＿＿＿＿と考えられる。

## 市場における交換

3. 貨幣による交換は❸＿＿＿＿＿交換といわれる。

4. 人間は❹＿＿＿＿＿＿という商品を売り賃金を得ている。

5. 古典経済学では商品の❺＿＿＿＿＿は人間の❹に源泉があると考えた。

6. マルクスは革命により労働者が主体の❻＿＿＿＿＿＿経済を実現すべきだと考えた。

7. アダム・スミスの影響を受けた経済学者❼＿＿＿＿＿＿は自由貿易を重視する比較生産費説を主張した。

8. ❽＿＿＿＿＿経済では売り手と買い手の欲望が拮抗する市場の原理が働いている。

## ソーシャルビジネス＝社会的企業とは何か

9. ❾＿＿＿＿とは無償で金銭を贈与することであり，また見返りを求めずサービスを提供する行為が❿＿＿＿＿＿＿である。

10. 社会的企業とは収益を上げながら福祉や教育，環境保護などの⓫＿＿＿＿＿課題を解決することを目的としている。

11. 世界中の人々が物や情報を交換し，つながっていく現象を⓬＿＿＿＿＿＿化という。

## 贈与と市場交換の違いについて考えよう

● 伝統的に家族の間の贈与として行われてきた⓭＿＿＿＿＿や⓮＿＿＿＿＿は，今後有料サービスとして市場交換の仕組みの導入が進むと考えられている。

● 国家が税金を国民から徴収し，社会保障などにより⓯＿＿＿＿＿＿＿する仕組みも贈与のひとつである。

❶＿＿＿＿＿
❷＿＿＿＿＿
❸＿＿＿＿＿
❹＿＿＿＿＿
❺＿＿＿＿＿
❻＿＿＿＿＿
❼＿＿＿＿＿
❽＿＿＿＿＿
❾＿＿＿＿＿
❿＿＿＿＿
⓫＿＿＿＿＿
⓬＿＿＿＿＿
⓭＿＿＿＿＿
⓮＿＿＿＿＿
⓯＿＿＿＿＿
memo
- - - - - - - - - -
- - - - - - - - - -
- - - - - - - - - -

---

**演習問題** | **贈与の事例として適当でないものを2つ選ぼう**

A ふるさと納税で返礼品をもらった
B いらなくなった服を慈善団体に寄付した
C 足の不自由なお年寄りにバスの席を譲った
D 友人に勉強を教えてもらったのでお礼に食事をおごった
E 被災地の支援にボランティアで参加した

（　　　）（　　　）

## think about it! 育児・保育の市場化について考えてみよう

**Q** かつての日本社会では「親の老後の面倒は子どもがみる」ことが当然と考えられており，家族以外に介護を託すことは恥ずべきこととされてきた。しかし介護サービスなどが普及し利便性が認知された昨今，そのような考え方は変わりつつある。同じように，「子育ては親がするもの」という伝統的な考え方が徐々に変わりつつあり，民間の有料育児サービスを利用する親が増えている。「育児・保育の市場化」について賛成か，反対か，下の意見を参照し考えてみよう

| 賛成 | 反対 |
|---|---|
| お金でサービスを購入する方が市場原理が働き，育児の質と効率が上がる。また，女性を育児から解放するという観点から男女平等社会の実現，少子化対策としても有効である。 | 育児や教育は貧富の差と関係なく平等になされるべきで，市場で売買されるべきではない。また，子育てには愛情が必要不可欠だが，金銭によってこれを買うことは不可能だ。 |

# 自由と正義の実現を目指して

❶ _____

❷ _____

❸ _____

❹ _____

❺ _____

❻ _____

❼ _____

❽ _____

❾ _____

❿ _____

⓫ _____

⓬ _____

⓭ _____

⓮ _____

⓯ _____

⓰ _____

⓱ _____

⓲ _____

memo

- - - - - - - - - - -

- - - - - - - - - - -

- - - - - - - - - - -

- - - - - - - - - - -

- - - - - - - - - - -

- - - - - - - - - - -

- - - - - - - - - - -

## ヘーゲルの弁証法と人倫

1. ヘーゲルによれば，人は家族から離れて❶_____へ入ることで大人になる。

2. ❶では，人々の関係は互いに❷_____を満たそうとする競争的なものとなる。

3. ❸_____は家族と❶を統合し，友愛により包み込む役割を担っている。

4. 矛盾を乗り越えて新しい段階へと昇っていく思考を❹_____という。

5. 「正」と「反」をより高い次元で「合」として総合することを❺_____という。

6. 人倫とは❹の発展により，真に道徳的で❻_____な状態が共同体として実現していることを意味する。

## アダム・スミスの見えざる手

7. アダム・スミスは主著『国富論』で各人が利己的に欲望を追求しても❼_____により富は最適に分配されると主張した。

8. 国家は極力，市場経済に介入せず❽_____に任せるべきだと考えた。

9. アダム・スミスの思想はこんにちの❾_____の源流であるとされる。

10. 『道徳感情論』では社会にとって人間の憐れみ，同情，❿_____が必要であると説いた。

11. 市場経済の自由な取り引きには⓫_____さが不可欠であり，このような経済の営みを通じて社会に正義が保たれると考えた。

## ロールズの正義論

12. 『正義論』では「政治的自由，表現の自由，参政権などの基本的自由はすべての人々へ平等に分配される」という⓬_____原理が正義として示されている。

13. 第二原理は⓭_____原理と呼ばれ，⓭が正義として認められる条件を示している。

14. 人を原初状態へと差し戻す⓮_____という思考実験により，⓭原理が正義であることを証明した。

## 現代におけるさまざまな政治的立場

15. ロールズの正義論は⓯_____の理論的支柱となった。

16. ノージックは再分配政策は人間の基本的な権利である⓰_____を侵害するものであるとして批判した。

17. アメリカの政治哲学者サンデルは⓱_____の立場からロールズを批判した。

18. サンデルは人類普遍の正義ではなく共同体のメンバーが共有する⓲_____の実現を目指すべきだと主張した。

**演習問題**

### 次の政治的主張は，ヘーゲル（a），アダム・スミス（b），ロールズ（c）のどれに近いか選ぼう

A 学校教育では国を愛する心を養うべきだ……………………………………………………（　　　）

B 郵便事業，鉄道事業，高速道路事業などは民間企業に運営させるべきだ………………（　　　）

C 不動産収入，株の配当金，利子などの資産に課税し社会保障などにあてるべきだ………（　　　）

D 貧困の問題は経済全体が成長することでいずれ解消されるはずだ………………………（　　　）

E 女性に不利な雇用環境を変えるために，企業の採用に女性枠を設けるべきだ……………（　　　）

# 対話から生まれる公共

教科書 p.012-013

## 市民的公共圏とは

1. ドイツの社会哲学者❶＿＿＿＿＿＿＿＿は18世紀のヨーロッパで盛んに行われていたコーヒーハウスにおける，階級を超えたコミュニケーションに注目した。

2. ❶は現代社会は経済システムと官僚主義により，人間の生活世界が❷＿＿＿＿化されていると指摘した。

3. 人間が意見をたたかわせ，理解しあい，合意形成を目指す能力を❸＿＿＿＿理性と呼ぶ。

4. ❸を発揮させるために権力の弾圧を受けず，自由に意見を表明できる❹＿＿＿＿が必要だと考えた。

## 日本における公共圏

5. ❺＿＿＿＿＿＿＿＿の象徴といわれる❻＿＿＿＿憲法草案は人権や自由をいち早く規定した画期的な内容だった。

## 文化交流から発展する公共

6. 対話や討議を重ねながら，参加者が互いに理解しあい，解決策を見つけていく議論の手法を❼＿＿＿という。

7. 対話とは自分の意見を述べながら相手の立場も尊重し，異なる意見を聞き，自分の考えを広げ，❽＿＿＿を形成していくことである。

❶＿＿＿＿
❷＿＿＿＿
❸＿＿＿＿
❹＿＿＿＿
❺＿＿＿＿
❻＿＿＿＿
❼＿＿＿＿
❽＿＿＿＿

memo
- - - - - - -
- - - - - - -
- - - - - - -
- - - - - - -

**演習問題**

### 学校に関する場で公共圏と呼べるものはどれか。1つを選びその理由を書いてみよう

A 先生が生徒に知識を授ける授業
B 自由に自分の考えを主張できるインターネットの掲示板
C 先生と保護者と生徒が学校運営について話し合う学校協議会
D 何でも気軽に言い合える友人や気の合う仲間
E 上下関係に厳しく結束力のある部活動のチーム

理由 ＿＿＿＿＿＿＿＿＿＿＿＿
＿＿＿＿＿＿＿＿＿＿＿＿

### *think about it!* 対話について考えてみよう

Q 「対話」と「会話」の違いについて考え，それぞれを自分の言葉で定義してみよう

対話 ＿＿＿＿＿

会話 ＿＿＿＿＿

# 日本の公共思想

## 公（おおやけ）とパブリック

1. 日本において，公（おおやけ）の「やけ」とは❶＿＿＿＿をあらわし，❷＿＿＿＿＜村＜県＜❸＿＿＿＿というようにより大きな「やけ」に包括される階層化の構造をもつ。

2. このような階層化構造は国家，官僚に権力が集中する❹＿＿＿＿＿＿型の統治システムを形成していった。

3. 欧米の「パブリック」は古代ギリシャの都市国家❺＿＿＿＿を起源とする。

4. ❺が政治共同体であるのに対して❻＿＿＿＿＿は家族を基礎とする家計に関わる。

5. この2つは現代のパブリック／❼＿＿＿＿＿＿＿の原型である。

## 明治維新と公共思想

6. 幕末に活躍した朱子学者❽＿＿＿＿＿は『国是七条』で「大いに言路をひらき天下とともに❾＿＿＿＿の政をなせ」と記した。

7. 身分や立場に関係なく自由に発言できる朱子学の❿＿＿＿＿という場を設け，人々の声も反映させた⓫＿＿＿＿を政治的合意として採用するよう提言した。

8. ❽の提言は1868年に明治政府が発布した⓬＿＿＿＿＿＿＿に影響を与えた。

## 自由民権運動と「国」のかたち

9. 1874年，政治家の⓭＿＿＿＿＿らによって民撰議院設立建白書が提出され⓮＿＿＿＿＿運動は高まっていった。

10. ⓮運動は⓯＿＿＿＿の制定，議会の設立，地方自治，⓰＿＿＿＿の自由などを政府に求めた。

11. 思想家の福澤諭吉は英国流の⓱＿＿＿＿＿制と⓲＿＿＿＿内閣制を主張した。

12. しかし1881年の「明治14年の政変」で井上毅，⓳＿＿＿＿＿は大隈重信らを追放し，⓴＿＿＿＿＿＿を公布した。

## 太平洋戦争の敗戦と柳田国男の民俗学

13. 柳田国男は日本人の心性を規定しているのは㉑＿＿＿＿信仰であると考えた。

14. 人は死後，祖先の神々である㉑と一体化し，子孫と郷土を見守っている。このような㉒＿＿＿＿＿という考えが日本人の倫理的な規範をつちかってきたと柳田は考えた。

❶ ＿＿＿＿＿＿
❷ ＿＿＿＿＿＿
❸ ＿＿＿＿＿＿
❹ ＿＿＿＿＿＿
❺ ＿＿＿＿＿＿
❻ ＿＿＿＿＿＿
❼ ＿＿＿＿＿＿
❽ ＿＿＿＿＿＿
❾ ＿＿＿＿＿＿
❿ ＿＿＿＿＿＿
⓫ ＿＿＿＿＿＿
⓬ ＿＿＿＿＿＿
⓭ ＿＿＿＿＿＿
⓮ ＿＿＿＿＿＿
⓯ ＿＿＿＿＿＿
⓰ ＿＿＿＿＿＿
⓱ ＿＿＿＿＿＿
⓲ ＿＿＿＿＿＿
⓳ ＿＿＿＿＿＿
⓴ ＿＿＿＿＿＿
㉑ ＿＿＿＿＿＿
㉒ ＿＿＿＿＿＿

## 演習問題　次の人間の営みはオイコス（a），ポリス（b）のどちらに属するか

A 衣食住のライフスタイルを楽しむ………（　　　）
B 結婚して家族を持つ………………………（　　　）
C 仕事を持ち，収入を得て税金を納める……（　　　）
D 老後の親の面倒をみる………（　　　）
E 選挙に行き投票する…………（　　　）

memo

## *Seminar* >>> 日本の伝統思想と外来思想の受容

教科書 p.016

1. 日本の文化は大陸から伝播した❶＿＿＿＿＿や❷＿＿＿＿＿の影響を受け，明治維新以降は，西洋文明を受け入れながら，日本の伝統的な思想と❸＿＿＿＿＿させてきた。

### 江戸の儒教と国学

2. 伊藤仁斎は日本人の伝統的な考え方を忠義を尽くす❹＿＿＿＿＿に見いだした。

3. 荻生徂徠は道徳的な儒学を批判し，世を治め民を救う❺＿＿＿＿＿＿＿を重視した。

4. 本居宣長は儒教や仏教を外来思想として退け，日本人の真心を❻＿＿＿＿＿＿＿にあるとし，これを研究する学問として❼＿＿＿＿＿を体系化した。

### 明治の思想

5. 福澤諭吉は日本の近代化のために西洋の啓蒙思想を積極的に取り入れる必要性を説き『❽＿＿＿＿＿＿＿＿』を書いた。

6. 夏目漱石は，内発的な文明開化が必要だと考え，❾＿＿＿＿＿＿の確立を主張した。

7. 内村鑑三は❿＿＿＿＿＿とキリスト教の接合を目指し「二つの⓫＿＿＿＿」を唱えた。

### 戦中と戦後の思想

8. 西田幾多郎は禅の体験などに基づき，著書『⓬＿＿＿＿＿』で主客未分の⓭＿＿＿＿＿＿が真の実在であるという哲学を展開した。

9. 和辻哲郎は人間が社会的存在であることを⓮＿＿＿＿存在と呼び，独自の倫理学を打ち立てた。

10. 丸山眞男は日本の政治と天皇制のあり方を⓯＿＿＿＿＿＿＿＿と批判した。

❶＿＿＿＿＿
❷＿＿＿＿＿
❸＿＿＿＿＿
❹＿＿＿＿＿
❺＿＿＿＿＿
❻＿＿＿＿＿
❼＿＿＿＿＿
❽＿＿＿＿＿
❾＿＿＿＿＿
❿＿＿＿＿
⓫＿＿＿＿＿
⓬＿＿＿＿＿
⓭＿＿＿＿＿
⓮＿＿＿＿＿
⓯＿＿＿＿＿

## *Seminar* >>> 宗教と人間

教科書 p.017

|  | 仏教 | キリスト教（ユダヤ教） | イスラーム |
|---|---|---|---|
| 開祖 | ブッダ | ❶＿＿＿＿＿ | ❷＿＿＿＿＿ |
| 教典 | さまざまな仏典 | ❸＿＿＿＿・❹＿＿＿＿ | ❺＿＿＿＿＿ |
| 教義 | ●❻＿＿＿＿＿（物事はたえず生成変化している）<br>●❼＿＿＿＿＿（あらゆる存在は相互依存の中にある）<br>●❽＿＿の心（すべての存在に対する憐れみや慈しみ） | ●❾＿＿＿＿の＿＿＿＿（すべての人々に無差別に注がれる）<br>●❿＿＿＿＿（人にしてもらいたいことは，あなたも人にしなさい） | ●⓫＿＿＿＿の禁止<br>●唯一神⓬＿＿＿＿への絶対帰依<br>●⓭＿＿＿＿（イスラームの教えに従って生きる信者） |
| 宗派 | ●⓮＿＿＿＿仏教（各人が修行し真理へと至る）<br>●⓯＿＿＿＿仏教（他者の救済を願い，大衆の幸福を願う） | ●⓰＿＿＿＿（ローマ教皇を頂点とする）<br>●⓱＿＿＿＿（聖書に基づく信仰を重視）<br>●⓲＿＿＿＿（各民族ごとに教会組織をもつ） | ●⓳＿＿＿＿派（カリフという神の使徒の後継者を指導者とする）<br>●⓴＿＿＿＿派（ムハンマドの家系を重視する） |

❶＿＿＿＿＿
❷＿＿＿＿＿
❸＿＿＿＿＿
❹＿＿＿＿＿
❺＿＿＿＿＿
❻＿＿＿＿＿
❼＿＿＿＿＿
❽＿＿＿＿＿

❾＿＿＿＿＿　　❿＿＿＿＿　　⓫＿＿＿＿＿　　⓬＿＿＿＿＿
⓭＿＿＿＿＿　　⓮＿＿＿＿＿　　⓯＿＿＿＿＿　　⓰＿＿＿＿＿
⓱＿＿＿＿＿　　⓲＿＿＿＿＿　　⓳＿＿＿＿＿　　⓴＿＿＿＿＿

# WORKSHOP

## 高校生が地域住民とつくる公共圏

> 地域住民と騒音問題について話し合うために，高校生が取り組んだ活動を書き出してみよう

✎

> 「鼎談深志のせいで住民からの苦情がむしろ増える」と一部の生徒が考えたのはなぜだろうか？

✎

> 「対話から生まれる公共」（教科書p.012-013）で学んだキーワード，「対話的理性」，
> 「文化的公共圏」，「熟議」などを使い，松本深志高校の取り組みをまとめてみよう

✎

**DISCUSSION**　　あなたの家が学校の近隣にあったと仮定して，
学校についてどのように感じるだろうか，考えてみよう

✎

# 重要語句を確認しよう

## 公共と人

1 マズローの欲求5段階説における最上位の欲求を何というか
[1]

2 自我に目覚める青年期を「第二の誕生」と呼んだのは誰か
[2]

3 エリクソンは青年期の発達課題を何の確立としたか
[3]

4 アーレントは人間の営みを3つに分類したが，もっとも重要視したのは何か
[4]

5 アーレントは国民の同質性を高めていく国家のあり方を何と呼び批判したか
[5]

6 相手により多くを与えようとする交換を何というか
[6]

7 商品やサービスの代価を貨幣により支払う交換を何というか
[7]

8 自由で競争的な経済活動を積極的に肯定した18世紀のイギリスの経済学者は誰か
[8]

9 マルクスが目指した労働者が主体である経済システムを何というか
[9]

10 価値の源泉には人間の労働力があるとする経済学の考え方を何というか
[10]

11 市場における需要と供給の均衡を重視する経済学を何というか
[11]

12 利益を上げながら同時に社会的課題の解決を目的とする企業を何というか
[12]

13 世界中の人々が物や情報の交換を通じてつながっていく現象を何というか
[13]

14 ヘーゲルの対立や矛盾を乗り越えて発展していく知の手法を何と呼ぶか
[14]

15 自由な経済活動が富の分配をもたらす現象をアダム・スミスは何と呼んだか
[15]

16 国家は極力，市場経済に介入すべきではないという考え方を何というか
[16]

17 ロールズの正義原理における第一原理は自由原理だが，第二原理は何か
[17]

18 ロールズの正義論を理論的支柱とする政治的立場を何というか
[18]

19 ノージックはロールズの正義論が人間のどのような権利を侵害すると考えたか
[19]

20 ロールズを批判したサンデルの政治的立場は何か
[20]

21 ハーバーマスは意見をたたかわせ合意を目指す人間の能力を何と呼んだか
[21]

22 対話や討議を繰り返しながら政策を決定していく政治手法を何というか
[22]

23 国家や官僚に権力が集中するピラミッド型の統治システムを何というか
[23]

24 パブリックの語源となった古代ギリシャの都市国家を何というか
[24]

25 明治維新で公共的な新政府を構想した朱子学者は誰か
[25]

26 自由民権運動を主導した明治の政治家は誰か
[26]

27 柳田国男は日本人の先祖崇拝信仰を何と呼んだか
[27]

28 本居宣長は日本人固有の真心を何と呼んだか
[28]

29 明治に日本の近代化の必要性を説き，学問の重要性と啓蒙に努めた人物は誰か
[29]

30 禅などの体験に基づき西洋の主客二元論を超えようと思考した哲学者は誰か
[30]

31 丸山眞男は戦前の日本政治のあり方を何と呼び批判したか
[31]

32 物事は絶えず生成変化していくという仏教の考え方を何というか
[32]

33 旧約聖書を教典とする宗教は何か
[33]

34 キリスト教で聖書を重んじる宗派を何というか
[34]

35 イスラームの教典は何か
[35]

# 功利主義と義務論

**❶** _____
**❷** _____
**❸** _____
**❹** _____
**❺** _____
**❻** _____
**❼** _____
**❽** _____
**❾** _____
**❿** _____
**⓫** _____
**⓬** _____
**⓭** _____

memo
- - - - - - - - - -
- - - - - - - - - -
- - - - - - - - - -
- - - - - - - - - -
- - - - - - - - - -

## 功利主義

1. 功利主義とは**❶**_____が唱えた「**❷**_____の_____」という思想に基づく。

2. 功利主義では人間の**❸**___や快楽は計算できるものと考える。

## カントの義務論

3. カントが重視したのは行為の結果ではなく**❹**_____である。

4. 人間の幸福や快楽は**❺**_____に基づくが，道徳的行為は**❻**_____に基づく。

5. 「すべての理性的存在者は，自分や他人を単に**❼**_____として扱ってはならず，常に同時に**❽**_____として扱わねばならない」(『道徳形而上学の基礎づけ』)

6. カントはイギリスの**❾**_____と，大陸の**❿**_____を総合し，**⓫**_____哲学を打ち立てた。

## ミルの質的功利主義

7. ミルは功利主義の快楽計算に，量だけでなく**⓬**___を取り入れるべきだと主張した。

8. 身体的肉体的な快楽より，**⓭**_____的な快楽の方が**⓬**が高いとミルは考えた。

**演習問題**

### 次の事例は功利主義（a），義務論（b）どちらの考え方に基づく行為か考えてみよう

A 人工呼吸器の数が足りなくなり，やむを得ず若い人を優先して使用した ……………( 　 )

B 会社の不正を告発し，解雇された …………………………( 　 )

C 道端で倒れている人を助けるため，救急車を呼んだ …………( 　 )

D 感染症予防のため，国民はマスク着用を義務付けられた ……………( 　 )

_think about it!_ **自分事として考えてみよう**

**Q** クラス内にいじめられている生徒がいる。あなたはその生徒と特別仲が良いわけではなく，その生徒を救っても何の得にもならないばかりか，自分がいじめの対象になる可能性がある。それでもあなたはいじめにあっている生徒を救済すべきだろうか。義務論に基づきあなたの考えを書いてみよう

_____
_____
_____
_____
_____
_____

# 水俣病を考える

教科書 p.022-023

## 環境庁と環境基本法

1. 1971年に発足した環境庁は，現在の❶＿＿＿＿＿＿の前身である。

2. 1960年代に日本では環境汚染から深刻な❷＿＿＿＿が相次いで発生した。

## 水俣病の発生

3. 水俣病はチッソ水俣工場の排水に含まれる❸＿＿＿＿＿＿が原因だった。

4. 海に放出された❸は，プランクトン，小魚，人間と❹＿＿＿＿＿により濃縮され深刻な健康被害をもたらした。

5. 水俣病に関する訴訟は2004年に最高裁判所が❺＿＿＿＿と熊本県の責任を認め，被害者に一時金が支払われた。

## 経済成長と少数の犠牲

6. 水俣病，四日市の❻＿＿＿＿＿，❼＿＿＿＿県の第二水俣病，富山県の❽＿＿＿＿＿＿病を合わせて❾＿＿＿＿＿病と言われている。

7. 深刻化する公害問題に対処するため❿＿＿＿＿＿法が1967年に成立し，1993年に⓫＿＿＿＿＿法に統合された。

8. ❿法により公害とは大気や土壌，⓬＿＿＿汚染，騒音，地盤沈下，振動，悪臭などと定められ，⓭＿＿＿＿に対策が義務付けられた。

9. ⓫法の理念に基づき，政府は⓮＿＿＿＿＿計画を立て，持続可能な環境づくりを進めている。

❶ ＿＿＿＿＿＿＿＿＿＿
❷ ＿＿＿＿＿＿＿＿＿＿
❸ ＿＿＿＿＿＿＿＿＿＿
❹ ＿＿＿＿＿＿＿＿＿＿
❺ ＿＿＿＿＿＿＿＿＿＿
❻ ＿＿＿＿＿＿＿＿＿＿
❼ ＿＿＿＿＿＿＿＿＿＿
❽ ＿＿＿＿＿＿＿＿＿＿
❾ ＿＿＿＿＿＿＿＿＿＿
❿ ＿＿＿＿＿＿＿＿＿＿
⓫ ＿＿＿＿＿＿＿＿＿＿
⓬ ＿＿＿＿＿＿＿＿＿＿
⓭ ＿＿＿＿＿＿＿＿＿＿
⓮ ＿＿＿＿＿＿＿＿＿＿

## *think about it!* 経済成長と公害について考えてみよう

**Q** 「功利主義と義務論」（教科書p.020-021）の2つの考え方を用いて，経済成長と公害の関係について整理してみよう　キーワード／最大多数の最大幸福，理性，義務，功利主義

## DISCUSSION

石牟礼道子の『苦海浄土』の一節を読んで感じたことを書いてみよう

# 地球温暖化問題

❶ _____

❷ _____

❸ _____

❹ _____

❺ _____

❻ _____

❼ _____

❽ _____

❾ _____

❿ _____

⓫ _____

⓬ _____

⓭ _____

⓮ _____

⓯ _____

⓰ _____

⓱ _____

⓲ _____

⓳ _____

⓴ _____

memo

- - - - - - - - - - - - - - - -

- - - - - - - - - - - - - - - -

## $CO_2$と地球温暖化

1. 温室効果ガスとしてもっとも地球温暖化に影響を与えているのは❶_____である。

2. ❶増加の最大の原因はエネルギーを作るために❷_____を燃やすことにある。

3. ❶排出量は植物や海水が吸収できる量を上回り，世界の平均気温は❸_____年ころから急激に上昇している。

## 経験したことのない気候変動

4. 近年多発している巨大台風は地球温暖化により❹_____が上昇したことが原因と考えられている。

5. 温暖化の影響で，アマゾンやオーストラリアで大規模な❺_____が発生したり，北米，中東，アジアでも気温が50度を超える❻_____が襲来したりした。

## パリ協定は達成できるか

6. 1994年に環境問題に取り組むため❼_____条約が発効した。

7. この条約の批准国が集まる会議を通称❽_____という。

8. 2015年の❽21で採択された❾_____協定は，平均気温の上昇を❿_____℃以内に低く保つことを目標に定めた。

9. ❾協定は先進国だけでなく⓫_____にも$CO_2$削減目標を課した。

10. ❾協定で日本に義務付けられた$CO_2$削減量は2013年比で⓬_____%である。

11. 水力，風力，地熱，⓭_____発電など自然界のサイクルを利用したエネルギーを⓮_____エネルギーという。

## 福島第一原発事故の影響

12. 原子力発電はコストも安く$CO_2$も排出しないが，⓯_____汚染という問題がある。

13. 2011年の福島第一原子力発電所事故の影響で，日本の原子力発電量は減り，⓰_____発電の比率が高まった。

## 日本はなぜ石炭発電をやめないのか

14. 2021年の日本のエネルギー構成比率は83%が化石燃料発電であり，自然再生エネルギーは⓱_____%にとどまる。

15. 2020年時点の世界各国の$CO_2$排出量は1位が⓲_____で，日本は⓳_____位である。

16. 日本は$CO_2$排出量を抑えた石炭発電技術⓴_____を開発した。

---

演習問題

### 地球温暖化問題に関する記述として適当でないものを1つ選ぼう

A 原子力発電は$CO_2$を排出しないので，温暖化抑止のために有効なエネルギー源だ

B 自然再生エネルギーはコストがかかるので，経済に悪影響を与えると考えられる

C すでにさまざまな対策を進めている先進国よりも，
大量の$CO_2$を排出している新興国により強い規制をかけるべきだ

D 地球温暖化は今生きている人だけでなく，未来の人に与える悪影響が大きい　　　　（　　　　）

# 誰が医療を支えるのか

## 支え合いで成り立つ日本の医療

1. 日本の医療保険制度では自己負担率は原則❶_____割から❷_____割である。

2. 医療費は自己負担金，保険料，❸_____による公費でまかなわれている。

3. アメリカでは，医療は❹_____責任という考え方が根強くある。

4. 日本の医療制度には「健康は基本的な❺_____であり，医療は誰もが平等に利用できるようにするべきだ」という考え方がある。

## 高齢化で増える医療費

5. 80歳から84歳の１人あたりの医療費は，20歳から24歳の医療費の約❻_____倍である。（教科書p.029③のグラフ参照）

6. 医療費が増大する原因は人口の高齢化と❼_____の価格上昇にある。

## 誰が医療費を負担するのか

7. 現在の日本の医療制度は❽_____世代がより多くの保険料や税金を支払い，高齢者世代の医療費を支えている。

8. 医療制度を維持するために❾_____の割合を増やすと，受けられる医療の❿_____が生じる。

9. 医療費を減らすために，各人が病気にならないよう⓫_____に努めることが大切である。

❶ _____
❷ _____
❸ _____
❹ _____
❺ _____
❻ _____
❼ _____
❽ _____
❾ _____
❿ _____
⓫ _____

memo
- - - - - - - - - - - - - -
- - - - - - - - - - - - - -
- - - - - - - - - - - - - -

---

**演習問題**

現在の医療費制度を維持するため消費税を引き上げるべきか，それとも医療を受ける人の自己負担金を引き上げるべきか。以下の記述を表内の適切な場所にあてはめてみよう

A 支払う消費税は増えるが，医療費の自己負担の割合は維持される

B 病気にならない限りにおいて，医療費を負担する割合は減る

C 経済力により，治療に格差が出る

D 支払う消費税が増え，医療を受けない限り恩恵がない

| | 消費税を上げる | 自己負担金を上げる |
|---|---|---|
| 高齢者・病気に苦しむ人 | | |
| 現役世代・健康な人 | | |

---

**DISCUSSION**

スウェーデンではコロナ禍において，80歳以上の感染者はICU（集中治療室）に受け入れないという方針をとった。スウェーデンでは通常時でも，80歳以上の患者が受けられる治療は一定程度制限されており，国民の理解も得られている。今後，日本でも同様の施策をとるべきだろうか。賛成・反対の立場を選んで，その理由を書いてみよう

# 生徒会予算をどう分配するか

## 教科書p.030-031の表のA～Eの中から自分の考えに近いものを1つ選ぼう

_____

## 自分が選んだ選択肢に対する「反論」に対して，再反論を書いてみよう

_____

_____

_____

## 自分が選ばなかった選択肢について，課題点を書いてみよう

選択肢____

_____

_____

_____

選択肢____

_____

_____

_____

選択肢____

_____

_____

_____

選択肢____

_____

_____

_____

### 次の5つの考え方は，教科書p.030-031の表A～Eのどれに近いか選んでみよう

演習問題

A 共同体主義／共同体にとっての善や正義，価値観などを優先する立場 ……………………（　　　）
B 自由主義／機会の均等と格差原理による再分配を重視する立場 ……………………………（　　　）
C 功利主義／結果において最大多数の最大幸福の実現を目指す立場 …………………………（　　　）
D 自由至上主義／個人の自由を最大限尊重し，自由放任にすべきだという立場 ……………（　　　）
E 普遍主義／すべての人に一律平等に分配するという考え方 …………………………………（　　　）

※教科書p.010-011, p.139を参照

memo
--------------------------------------------------
--------------------------------------------------
--------------------------------------------------

# 意見が分かれたときにどう決めるか

教科書 p.032-033

## 生徒会の意思決定はどのように行われるのだろう

　高校の生徒会には，生徒全員が参加する生徒総会，クラスや部活動の代表者で構成される生徒評議会，生徒会長や副会長らで構成される生徒会役員会がある。いずれも意思決定権は生徒にあるため，生徒会は民主主義的な組織といえる。

　民主主義社会にあてはめると，生徒全員の意見がそのまま反映される生徒総会は❶＿＿＿＿＿＿制，学級委員や部活の部長など代表者による話し合い，及び生徒会役員による話し合いは❷＿＿＿＿＿＿制にあたる。

　生徒会長は生徒の直接投票によって選ばれる。このような体制はアメリカの❸＿＿＿＿制や都道府県などが採択している二元代表制に近い。

　生徒会は民主主義的ではあるが，クラスの人数や部員数に大きな差がある場合，代表者に託される人数に不平等が生じる❹＿＿＿＿＿の＿＿＿＿＿問題もある。また，高校生としてふさわしくない決定を多数決の力で通してしまう危険性もある。そのため，生徒会活動は教員の指導の下で行うという一定の制約も設けられている。この場合における教員の権限は，国会で制定した法律が憲法に違反しないか審査する❺＿＿＿＿＿権と同様である。教員の役割は，国の機関で例えると❻＿＿＿＿＿＿＿になる。

❶＿＿＿＿＿＿＿＿

❷＿＿＿＿＿＿＿＿

❸＿＿＿＿＿＿＿＿

❹＿＿＿＿＿＿＿＿

❺＿＿＿＿＿＿＿＿

❻＿＿＿＿＿＿＿＿

memo

- - - - - - - - - - - - -
- - - - - - - - - - - - -
- - - - - - - - - - - - -
- - - - - - - - - - - - -

## 演習問題

**教科書p.032の表あ〜えの意思決定の方法は，下記のどれに近いかそれぞれ選んでみよう**

**A** 参議院と衆議院で議決が異なる場合，開かれる両院協議会 …………………………（　　　）

**B** EU残留・離脱を決めたイギリスの国民投票 ……………………………………………（　　　）

**C** 総理大臣と国務大臣で行われる閣議 ……………………………………………………（　　　）

**D** 第三者の仲介で私人間の紛争を解決するADR…………………………………………（　　　）

## think about it!　公正な意思決定方法について考えてみよう

**Q**　教科書p.032の表あ〜うの中から，もっとも公正だと思う方法を1つ選び，表内の問題点について考えてみよう

memo

# 民主政治の歴史

## 絶対王政から市民革命へ

1. ❶____世紀ころのヨーロッパでは国王の権力は神から授かったものだとする❷_____に基づき絶対王政が行われていた。

2. これに反発した市民によりイギリスやフランスでは❸_____が起こった。

3. 民主政治の根本には❹_____の原則がある。

## 社会契約説と三権分立

4. 社会契約説によれば人間は誰もが自由で平等に生きる❺_____をもっている。

5. ❺を守るために互いに交わす約束を❻_____と呼ぶ。この約束により❼____が成立したと考える。

6. モンテスキューは著書『❽_____』で立法，行政，司法の権力が互いに抑制し合う❾_____を唱えた。

## 人権の成立

7. 1215年にイギリスのジョン王の権力を貴族が制限した❿_____が人権思想の原点である。

8. イギリスで起こった⓫____革命により1689年に権利章典が制定された。これにより議会が国王の権力を制限する⓬_____制が確立された。

9. 1776年にトマス・ジェファーソンによりアメリカ⓭_____が起草された。

10. ⓭にはロックの社会契約説の影響を受け⓮_____が明記されている。

11. フランス人権宣言は革命の理念である⓯_____・⓰_____・友愛に基づく。

12. 1919年に制定されたドイツの⓱_____憲法では生存権や労働基本権などの⓲_____が初めて規定された。

13. ⓱憲法の精神は⓳_____憲法にも影響を与えた。

14. 第二次世界大戦後，国連総会で採択された⓴_____宣言では人権保障について世界共通の基準を示した。

❶ _____
❷ _____
❸ _____
❹ _____
❺ _____
❻ _____
❼ _____
❽ _____
❾ _____
❿ _____
⓫ _____
⓬ _____
⓭ _____
⓮ _____
⓯ _____
⓰ _____
⓱ _____
⓲ _____
⓳ _____
⓴ _____

## 社会契約説について確認しよう

| 人名 | ホッブズ | ❶_____ | ❷_____ |
|---|---|---|---|
| 著作 | ❸_____ | 『統治二論』 | ❹_____ |
| 理論 | 人間は自然状態では「万人の万人に対する❺_____」になる。 | 政府が国民の権利を侵害した場合，国民は政府に対して❻_____権を持つ。 | 国民の直接民主主義により示される❼_____を重視した。 |
| 影響 | 近代政治思想の原型とされている。 | ❽_____宣言に影響を与えた。 | ❾_____革命に影響を与えた。 |

❶ _____
❷ _____
❸ _____
❹ _____
❺ _____
❻ _____
❼ _____
❽ _____
❾ _____

# 日本国憲法の三つの原理

## 大日本帝国憲法

1. 大日本帝国憲法は，天皇が定める❶＿＿＿＿憲法で，主権は天皇にあった。

2. 国民には，主権者である天皇により❷＿＿＿＿の権利を与えられた。

3. 明治憲法は，憲法に基づいて政治を行う❸＿＿＿＿＿＿を具現化した日本初の近代憲法である。

## 日本国憲法の成立

4. 1945年8月14日，日本は❹＿＿＿＿＿＿宣言を受諾し，連合国軍総司令部（GHQ）の占領下に置かれた。

5. マッカーサーによる新憲法の草案では，「❺＿＿＿＿＿の維持」「❻＿＿＿＿の放棄」「❼＿＿＿＿＿＿の廃止」が示された。

## 憲法の三つの基本原理

6. 日本国憲法は3つの基本原理を定めている。第1は❽＿＿＿＿＿＿であり，天皇の地位は日本国および日本国民統合の❾＿＿＿＿とされる。

7. 第2は平等権，自由権，社会権など❿＿＿＿＿＿＿の尊重である。

8. 第3は⓫＿＿＿＿＿で，9条で戦争の放棄，戦力の不保持，交戦権の否認を規定している。

## 立憲主義と憲法改正

9. 日本国憲法は，すべての裁判所に，法律や命令などが憲法違反になっていないかどうかを審査する⓬＿＿＿＿＿＿を認めている。

10. 立憲主義を堅持するためには，憲法に高い安定性が求められる。その一方で，時代の変化に応じて⓭＿＿＿＿＿ができるようにしておくことも重要である。

11. 憲法改正には国会と国民投票における厳正な手続きがあり，このような憲法のあり方を⓮＿＿＿＿＿という。

❶＿＿＿＿＿＿＿＿＿＿
❷＿＿＿＿＿＿＿＿＿＿
❸＿＿＿＿＿＿＿＿＿＿
❹＿＿＿＿＿＿＿＿＿＿
❺＿＿＿＿＿＿＿＿＿＿
❻＿＿＿＿＿＿＿＿＿＿
❼＿＿＿＿＿＿＿＿＿＿
❽＿＿＿＿＿＿＿＿＿＿
❾＿＿＿＿＿＿＿＿＿＿
❿＿＿＿＿＿＿＿＿＿＿
⓫＿＿＿＿＿＿＿＿＿＿
⓬＿＿＿＿＿＿＿＿＿＿
⓭＿＿＿＿＿＿＿＿＿＿
⓮＿＿＿＿＿＿＿＿＿＿
memo
- - - - - - - - - - - - -
- - - - - - - - - - - - -
- - - - - - - - - - - - -
- - - - - - - - - - - - -

## 大日本帝国憲法と日本国憲法を比較してみよう

| 大日本帝国憲法 | | 日本国憲法 |
|---|---|---|
| ❶＿＿＿憲法 | 形式 | 民定憲法 |
| ❷＿＿＿＿ | 主権者 | 国民 |
| 元首。統治権を総攬（そうらん） | 天皇 | ❸＿＿＿＿ |
| 天皇に統帥権，国民に兵役の義務 | 戦争・軍隊 | 平和主義，戦争の放棄，戦力の不保持，交戦権の否認 |
| 天皇により臣民に与えられた権利 | 人権 | ❹＿＿＿＿＿＿＿の最大限の尊重 |
| 天皇の協賛機関 | 国会 | 国権の最高機関 |
| 天皇の名において裁判を行う | 裁判所 | ❺＿＿＿＿＿をもつ |
| 天皇の発議（ほつぎ）で帝国議会が議決 | 改正 | 国会の発議で❻＿＿＿投票で議決 |

❶＿＿＿＿＿＿＿＿＿＿
❷＿＿＿＿＿＿＿＿＿＿
❸＿＿＿＿＿＿＿＿＿＿
❹＿＿＿＿＿＿＿＿＿＿
❺＿＿＿＿＿＿＿＿＿＿
❻＿＿＿＿＿＿＿＿＿＿
❼＿＿＿＿＿＿＿＿＿＿
❽＿＿＿＿＿＿＿＿＿＿
❾＿＿＿＿＿＿＿＿＿＿

## 憲法改正の手続きについて確認しよう

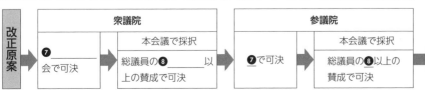

改正原案 → 衆議院：❼＿＿＿＿会で可決 → 本会議で採択　総議員の❽＿＿＿＿以上の賛成で可決 → 参議院：❼で可決 → 本会議で採択　総議員の❽以上の賛成で可決 → 国民投票　有効投票の❾＿＿＿＿の賛成で承認

# 基本的人権の尊重　平等・自由・義務

❶ _____

❷ _____

❸ _____

❹ _____

❺ _____

❻ _____

❼ _____

❽ _____

❾ _____

❿ _____

⓫ _____

⓬ _____

⓭ _____

⓮ _____

⓯ _____

⓰ _____

⓱ _____

⓲ _____

⓳ _____

⓴ _____

㉑ _____

㉒ _____

㉓ _____

㉔ _____

㉕ _____

㉖ _____

㉗ _____

㉘ _____

㉙ _____

## 基本的人権の尊重

1. 基本的人権の根底には，すべての人はかけがえのない存在であるという❶_____の考え方がある。

2. 13条は幸福を追求する権利（❷_____権）を保障している。

## 平等の理念

3. 14条はすべての国民が人種，信条，❸_____，社会的身分，❹_____（家柄や生まれ）によって差別されない「❺___の下の平等」を定めている。

4. ❻_____の平等（24条），❼_____の平等（15条，44条），❽_____の機会均等（26条）など差別されない権利を保障している。

5. LGBTとは❾_____（女性同性愛者），❿_____（男性同性愛者），バイセクシャル（⓫_____愛者），⓬_____（心と体の性の不一致）などの性的少数者の総称である。

## 自由権的基本権

6. 国家権力に縛られず自由に行動できる権利は，⓭_____自由とも呼ばれる。

7. 身体の自由…・奴隷的拘束および苦役からの自由（⓮___条）
   ・⓯_____逮捕（33条），抑留・拘禁（34条），住居侵入・捜索・押収（35条）などからの自由
   ・法律に基づく手続きなしでは刑罰を科されたり自由を奪われたりしない⓰_____の保障（31条）

8. 精神の自由…⓱_____・良心の自由（19条），信教の自由（20条），言論・集会・結社などの⓲_____の自由（21条），自由に研究し発表する⓳_____の自由（23条）

9. 経済活動の自由…⓴_____選択の自由（22条），㉑_____権の保障（29条）

## 社会権的基本権

10. 社会権は人間らしい生活を国家に求める権利で㉒_____自由と呼ばれる。

11. 「健康で文化的な最低限度の生活を営む権利」として㉓_____権を保障している（25条）

12. 「能力に応じて，ひとしく㉔_____を受ける権利」（26条）

13. 労働三権とは㉕_____権・団体交渉権・団体行動権である。

## 義務

14. ㉖_____を受けさせる義務（26条），勤労の義務（27条），㉗_____の義務（30条）を国民に負うように憲法は定めている。

15. 自分の自由と同様に他人の自由を尊重することを「自由の㉘_____」という。

16. 自由の行使には常に㉙_____のために利用する責任を負う。

### 日本国憲法の説明として適切なものを１つ選ぼう

演習問題

A 国民が自由権を行使するためには，勤労の義務を果たさなければならない

B 個人の生存権は，社会全体の利益のために制限される場合がある

C 教育を受ける権利は，義務教育を無償で受けられる権利である

D 公共の福祉とは，すべての国民が福祉を受けられる権利である

（　　　　）

## 医学部入試における男女差別問題

教科書p.041のA，B，Cの選択肢を1つ選び，それぞれの問題点に対する解決案を考えてみよう

Aの意見／患者のことを考えて，将来，医師として活躍が期待できる男子学生を積極的に入学させるべき。
問題点　憲法の男女平等の理念に反するため，必要悪としても認めるべきではない。

_____

_____

Bの意見／入試の合否は，試験の得点のみを評価し平等に判断されるべき。
問題点　女性医師は増えるが，離職率が高いため医師不足解消につながらない。

_____

_____

Cの意見／女性が働きづらい医師の勤務環境が問題である。医学部定員を増やし医師を増員し，勤務時間も減らすべき。
問題点　費用がかかるため，診療代や税負担を引き上げる必要がある。

_____

_____

_____

**演習問題**

### 1. 次のうち積極的差別是正措置はどれか，1つ選ぼう

A 学力の低い生徒のために土曜日に特別補習を実施する
B LGBTの人たちの人権を守るために差別的言動を禁止する
C 低収入の人々も平等に医療を受けられるよう高所得者の負担を引き上げる
D 電車内における痴漢被害を防ぐために女性専用車両を設ける
E 企業が一定数の障がい者を雇用するよう法律で定める　　　　　　　（　　　　　）

### 2. 次の施策は通時的正義（a），共時的正義（b）のいずれの考え方に基づくか，分けてみよう

A 黒人の社会的地位を向上させるため，大学入試や就職試験などで優遇する ……………（　　　）
B 大学入試は出身地や人種，性別，経済的格差に関係なく，得点のみで合否を判定する ……（　　　）
C LGBTの人たちに法的に結婚する権利を認める …………………………………………（　　　）
D 刑罰は，犯罪の軽重以外に，加害者の境遇・年齢などを考慮して決める …………………（　　　）

**DISCUSSION**　女性枠のある入試制度に賛成か，反対か，下記の意見や反論を参考にして考えてみよう

Aの意見　女性が社会に出て働きやすい環境をつくるために男性よりも教育を受ける機会を増やすべきだ。
反論　女性の労働環境の改善は必要だが，教育と直接関係はない。入試で女性を優遇することは法の下に平等に反する。

Bの意見　性別にかかわらず入試は得点のみで判定すべきである。
反論　学部によっては長年女性比率が低く，その理由は社会的・歴史的な女性に対する偏見によるところも大きい。ゆえにそれが是正されるまで女性枠も必要である。

Cの意見　男女比が極端に偏っている大学や学部に限定し，女性枠を導入し格差を是正していくべきだ。
反論　女性しか入学できない女子大学があることがそもそも教育の平等に反している。完全な男女平等を実現するのであれば，女子大学を共学にすべきである。

_____

_____

_____

# 表現の自由とヘイトスピーチ

❶ _____
❷ _____
❸ _____
❹ _____
❺ _____
❻ _____
❼ _____

## ヘイトスピーチは法律で規制すべきか

1. ヘイトスピーチとは特定の❶____や❷____の人々に対しての差別的な発言や言動を指す。

2. 2016年には❸_____解消法が施行された。日本以外の出身者を地域社会から排除する差別的な言動を対象としている。

3. 神奈川県❹____市では全国初となる罰則を盛り込んだ差別禁止条例を制定した。

4. ヘイトスピーチを禁止することは憲法の❺____の自由を侵害するおそれもある。

## 法の外にある良識や道徳

5. ヘイトスピーチの抑止は法による規制とは別に❻____や____による自発的な抑止が望ましい。

6. 自らの意見を主張し、他者の尊厳を傷つける行為は❼_____に反する。

**演習問題**

### 以下の発言でヘイトスピーチに相当しないものを1つ選ぼう

A ○○人はスパイやテロリストの可能性がある
B ○○人のせいで日本人の雇用が失われている。自分の国に帰国すべきだ
C ○○人は平気で路上で飲食したり、服を着替えたりする民度の低い民族だ
D ○○国は民主主義国家ではなく独裁国家であり危険だ        (        )

**DISCUSSION**

現在ヘイトスピーチともとれるネットのブログやSNSなどでの書き込みが問題になっている。これを法律で規制すべきか否か、下記の意見を参考にして自分の考えをまとめてみよう

#### 賛成派の意見

・ヘイトスピーチは人間の尊厳に関わるものであり、あらゆる差別は許されない。インターネットは記録が残るため、厳しく規制するべきだ。
・現在はネット企業が独自の判断で禁止用語などを設定しており恣意的なため、法律でしっかり規定した方が良い。

#### 反対派の意見

・誰でも自由に発信できるインターネットは、人間の基本的な権利である「表現の自由」を飛躍的に向上させた。安易に規制をかけるべきではない。
・政治権力が法律でインターネットでの発言を規制した場合、権力を批判する自由が失われ、民主主義が損なわれる危険がある。

_____
_____
_____
_____
_____
_____
_____
_____
_____

# 重要語句を確認しよう

## 公共と倫理

1 功利主義を説いた18世紀のイギリスの法学者は誰か 〔1〕
2 幸福や快楽を道徳の基礎とする功利主義の原理は何か 〔2〕
3 カントが説いた行為の動機を重視する道徳哲学を何というか 〔3〕
4 感覚や経験に基づく感性に対し，道徳的義務を課す人間の能力は何か 〔4〕
5 質的功利主義を主張したイギリスの哲学者は誰か 〔5〕
6 1971年，環境問題の解決のため，日本に発足した機関は何か 〔6〕
7 企業の排出する有害物質で健康が脅かされる被害を何というか 〔7〕
8 熊本県と鹿児島県で発生した工業廃水に含まれる水銀が原因で発症する病気は何か 〔8〕
9 三重県で発生した大気汚染により喘息発作が起こる病気を何というか 〔9〕
10 公害対策基本法と自然保護環境保全法を統合して制定された法律は何か 〔10〕
11 地球温暖化に最も影響を与える気体は何か 〔11〕
12 「気候変動に関する国際連合枠組条約」批准国による国際会議を何というか 〔12〕
13 2030年までの具体的な$CO_2$排出削減目標を定めた2015年採択の協定は何か 〔13〕
14 太陽光，風力，地熱，水力などを利用し発電するエネルギーを何というか 〔14〕
15 2011年3月に日本で大規模事故が発生した発電所はどこか 〔15〕
16 $CO_2$排出量がもっとも多い国はどこか 〔16〕
17 出生率が下がり，高齢者が増える人口分布を何というか 〔17〕

## 公共の基本原理

1 国王が絶対的な権力をもつ政治体制を何というか 〔1〕
2 国王の権力は神から授かったものだとする考え方を何というか 〔2〕
3 市民が国王から政治権力を奪取することを何というか 〔3〕
4 市民が政治の主体となる政治体制を何というか 〔4〕
5 人間が生まれもっている自由で平等に生きる権利を何というか 〔5〕
6 契約により権利を譲渡し国家が成立するという考え方を何というか 〔6〕
7 ホッブズは人間の自然状態をどのように表現したか 〔7〕
8 アメリカ革命に大きな影響を与えたイギリスの思想家は誰か 〔8〕
9 『統治二論』で盛り込まれた，政府に対する国民の権利は何か 〔9〕
10 国民の直接民主主義による合意をルソーは何と呼んだか 〔10〕
11 『法の精神』を著したフランスの思想家は誰か 〔11〕
12 立法，行政，司法の権力が互いに抑制し均衡する仕組みを何というか 〔12〕
13 イギリスのジョン王の権力を制限した文書を何というか 〔13〕
14 イギリスの名誉革命を受けて1689年に決議された権利宣言は何か 〔14〕
15 政治権力も法の下にあるとする考え方を何というか 〔15〕
16 1776年，トマス・ジェファーソンによって起草された宣言は何か 〔16〕
17 フランス人権宣言の3つの理念は何か 〔17〕

# 重要語句を確認しよう

| | |
|---|---|
| 18 | 18 社会権を初めて規定したドイツの憲法は何か |
| 19 | 19 人権に関する世界基準となっている国連で採択された宣言は何か |
| 20 | 20 大日本帝国憲法では，主権は誰にあったか |
| 21 | 21 大日本帝国憲法において，国民が天皇から与えられた地位を何というか |
| 22 | 22 大日本帝国憲法は当時のどの国の憲法を参考にしてつくられたか |
| 23 | 23 大日本帝国憲法が欽定憲法であるのに対し日本国憲法は何憲法といわれるか |
| 24 | 24 憲法に基づいて政治を行う考え方を何というか |
| 25 | 25 連合国が日本に無条件降伏を迫った宣言は何か |
| 26 | 26 戦後に，新憲法作成を主導したアメリカ人は誰か |
| 27 | 27 憲法の前文に明記されている国民が権力の主体であるとする考え方を何というか |
| 28 | 28 日本国憲法で示される天皇の役割は何と表現されているか |
| 29 | 29 憲法で「侵すことのできない永久の権利」と保障された権利を何というか |
| 30 | 30 憲法で国権の最高機関と規定されているのはどこか |
| 31 | 31 戦争放棄，戦力の不保持を規定しているのは，憲法の何条か |
| 32 | 32 法律が憲法に違反していないかを審査する権利を何というか |
| 33 | 33 「憲法の番人」といわれる機関は何か |
| 34 | 34 憲法改正案を発議するために衆参両議院で必要な賛成票はいくつか |
| 35 | 35 憲法改正は国会発議の後，何にかけられるか |
| 36 | 36 改正に厳格な手続きを必要とする憲法のあり方を何というか |
| 37 | 37 衆参両院に設置されている憲法について審議する会を何というか |
| 38 | 38 憲法13条にある幸福を求める権利を何というか |
| 39 | 39 人種や信条，性別その他で差別されない権利を主張する理念を何の平等というか |
| 40 | 40 同性愛者やトランスジェンダーなどの性的少数者を，頭文字から何と総称するか |
| 41 | 41 犯罪に科される刑罰は事前に法律で定めておかなければいけないことを何というか |
| 42 | 42 刑罰には法律に基づく手続きが必要である。これを何というか |
| 43 | 43 不法逮捕や抑留・拘禁などからの自由を総じて何というか |
| 44 | 44 精神の自由のうち言論・出版など自分の考えを発表する権利を何というか |
| 45 | 45 職業選択の自由，財産権などの自由権を何というか |
| 46 | 46 国家に対して人間らしい生活を保障するよう求める権利を何というか |
| 47 | 47 健康で文化的な最低限度の生活を営む権利を何というか |
| 48 | 48 労働三権とは，団結権，団体交渉権ともう一つは何か |
| 49 | 49 国民の義務は「勤労の義務」と「納税の義務」ともう一つは何か |
| 50 | 50 国民の権利はときに制限されるが，その根拠となる原理を何というか |
| 51 | 51 差別是正のため，必要な範囲内で被差別側を優遇する措置を何というか |
| 52 | 52 歴史的な経緯を考慮して正義を規定する考え方を何というか |
| 53 | 53 特定の国籍や民族の人に対する差別的な発言や行動を何というか |

## 発展問題

### カントの義務論

**下の文章はカントの義務論について教師と生徒の会話である。設問に答えよう**

生徒A：授業で習ったカントの義務論が難しくてよくわかりませんでした。

教師　：カントの道徳哲学は難解ですからね。どこら辺がわからなかった？

生徒A：結果じゃなくて動機が重要だというけれど，動機って自分でどうにかできるものじゃないと思いました。行為の結果を考えずに行動するのって，不可能だと思うんですけど。

教師　：なるほど，そこはカント哲学のポイントですね。突然だけど，君はお腹が空いたら何をしますか？

生徒A：食事をしますね。

教師　：大学に行くためには？

生徒A：もちろん勉強します。

教師　：物事には普通，原因があって結果があります。これを　ア　といって，人間は原因と結果の連鎖の中で行動しています。だから君が言ったように結果を考えずに行動することは不可能ともいえます。しかしカントは人間にはその連鎖から離れて，自らの意志で行動する能力があると考えたんです。

生徒A：うーん，難しい。

教師　：アフガニスタンで医療活動と水資源の開発に従事した中村哲さんは知っていますね。

生徒A：はい。銃撃されて亡くなってしまいましたよね。

教師　：彼はなぜあんな危険な場所でアフガニスタンのために人生を尽くしたのだろう？　感謝されたい，尊敬されたいという動機からとは考えづらく，やはりアフガニスタンの人たちを病気や飢餓から救いたいという純粋な思いに突き動かされたと思います。つまりそれがカントの言葉でいうところの　イ　が命じる道徳義務なんです。

生徒A：なるほど，少しわかってきました。それから感性と理性が何を示すのかわからなかったです。

教師　：感性はわかりやすく言えば感覚や感情のことで，お腹が空いたからご飯を食べるとか，感謝されたいから席を譲るとか，原因と結果が必然的に結びついているから，そこに人間の自由はない。でも人間は感性だけで行動しているわけではない。たとえ自分の命が脅かされるような危険があっても，困っている人を助けたり，不正を正そうとしたりしますね。それが人間の理性能力で，　ウ　だとカントは主張したんです。

**Q　1. 空欄を埋める組み合わせとして正しいものはどれか**

A　アー因果律　　イー理性　ウー自由意志　　　C　アー定言命法　イー理性　ウー超越論的主観

B　アー定言命法　イー感情　ウー自由意志　　　D　アー因果律　　イー感情　ウー判断力

（　　　　　）

**Q　2. カントの義務論についての説明として適切でないものを1つ選ぼう**

A　道徳行為はそれ自体が目的であって，別の目的のための手段であってはならない

B　幸福は主観的で恣意的なものにすぎず道徳の規準としては不十分である

C　幸福は量ではなく質を重視すべきで肉体的なものより精神的なものの方が価値が高い

D　たとえ良い行いであっても感性に触発されたものであった場合，真に道徳的行為とはいえない

（　　　　　）

**Q　あなたは道徳義務を感じたことはあるか，それは具体的にどのようなものだったか書いてみよう**

_____

_____

_____

# 発展問題

## 高校入試と男女差別

**下の文章はある県の公立高校の入試制度について述べたものである。設問に答えよう**

　A県の公立高校の全日制普通科では男女別に定員が設けられています。一般的に男子の定数が多く設定されており，そのため同じ得点でも女子が不合格になり，男子が合格するという不平等が指摘されています。

　背景には県内には私立の女子中学校・高校一貫校が多いという特殊な事情があります。言うまでもなく男子は女子中学・高校に入学することはできません。その分，公立の共学校では相対的に男子の受験者が多くなっているため，教育の機会均等の観点から男子の定数を増やしてバランスを取っているという側面があるのです。県のシミュレーションによると，得点だけで合格者数を決めた場合，女子が約600人増えて男子が600人減るという結果も出ています。男子が入学できる私立高校は女子に比べて少ないため，男子の高校進学機会が減ってしまうというわけです。

　一方で男女別に定数を設けることは男女平等に反する，同じ点数でも男子の方が優遇されてしまう入試制度は公正ではないという声が高まってきています。<u>A県は今後，性別と関係なく得点のみで合否を決める枠を徐々に増やしていく方針です。</u>

**Q 1. 下のア〜ウの意見は，a〜cのどれを目的としているか，組み合わせとして適切なものを1つ選ぼう**

ア　男女別定員制は撤廃して，得点のみで入学の合否を決めるべきである

イ　男女別定員制を維持するか，女子校と同じ生徒数の男子校を作るべきである

ウ　私立も含めすべての高校を共学にし，各校における男子と女子の定員を1対1にすべきである

a　完全な男女平等の実現　　　b　入試の公正さを重視　　　c　男女の教育機会の均等

A　ア−b　イ−c　ウ−a　　　C　ア−a　イ−b　ウ−c

B　ア−c　イ−a　ウ−b　　　D　ア−b　イ−a　ウ−c　　　　　（　　　）

**Q 2. 下線部の方針と，下記の説明で<u>一致しないもの</u>を1つ選ぼう**

A　男子の定数を多くする積極的差別是正措置は女子にとって不利になっているので，今後は点数だけで合否を判定する

B　積極的差別是正措置として女子高がつくられたが，結果として都立高校入試が男子に有利になってしまったので，性別による是正措置は取りやめる

C　人為的な操作による機会均等は短期的には効果があるが，長期的には逆差別を生むので取りやめる

D　男女平等の観点から性別による教育機会の不平等を解消するため，今後は積極的差別是正措置を強化していく

（　　　）

# 法と社会

教科書
p.046-047

## 「法の支配」とは何か

1. 17世紀のイギリスの裁判官エドワード・コークは「❶＿＿＿も神と法の下に立つ」という13世紀の法律家の言葉を引用し，法が王権も支配すると強調した。

2. 法はマナーや道徳とは異なり，違反した場合❷＿＿＿＿＿によって刑罰が科せられる。

3. 日本国憲法は，国家権力に限界を設けることで人権を保障している。このような考え方を❸＿＿＿主義という。

## 法の分類

4. 自然法………人間の本性に基づいて制定

　　❹＿＿＿法……立法機関による制定。裁判所の判例，慣習など人為的に定めた
　　　　　　　規定
　　　　　┈┈❺＿＿＿法（明確な文章で記述された法）
　　　　　┈┈不文法（慣習的行動や判例の集積で効力が成立）

5. 国内法の分類

　　❻＿＿法……日本国憲法，刑法など（国家の仕組みや政府のあり方を定め，国家と個人との関係を規定）

　　❼＿＿法……民法や商法など私人や企業に関連する法

　　社会法………❽＿＿＿基準法や❾＿＿＿保護法など，❿＿＿＿の利益や平等を
　　　　　　　実現するための法

6. 日米安全保障条約や国際的連合憲章など，国家間での取り決めは⓫＿＿＿法という。

7. 日本には約2000の法律があるが，その中でも重要な，憲法，⓬＿＿＿，商法，⓭＿＿＿，刑事訴訟法，民事訴訟法は通称⓮＿＿＿と呼ばれている。

8. 19世紀のドイツでは，たとえどんな法律でも行政は法に従い統治を行う⓯＿＿＿主義の考え方があった。

❶＿＿＿＿＿
❷＿＿＿＿＿
❸＿＿＿＿＿
❹＿＿＿＿＿
❺＿＿＿＿＿
❻＿＿＿＿＿
❼＿＿＿＿＿
❽＿＿＿＿＿
❾＿＿＿＿＿
❿＿＿＿＿＿
⓫＿＿＿＿＿
⓬＿＿＿＿＿
⓭＿＿＿＿＿
⓮＿＿＿＿＿
⓯＿＿＿＿＿

## 法の階層関係についての図の中の空欄を埋めよう

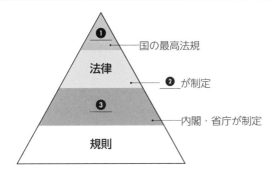

❶ー国の最高法規

法律

❷ーが制定

❸

ー内閣・省庁が制定

規則

❶＿＿＿＿＿
❷＿＿＿＿＿
❸＿＿＿＿＿

## 演習問題

### 「法の支配」の考え方として適切でないものを2つ選ぼう

A　国家による国民の人権侵害を防ぐため，憲法は国家の権力を制限している

B　国民は法を遵守して行動しなければならないという考え方を法治主義という

C　犯罪を減らすために，刑法を厳罰化し法の支配力を高めることが有効である

D　最高裁判所は国会や行政に対して違憲審査権をもっており法の支配を実現している（　　　）（　　　）

# 「忘れられる権利」は認められるべきか？

**Q 1. 下の会話は「忘れられる権利」についてそれぞれの意見を述べた対話である。空欄のア，イ，ウに入る組み合わせとして正しいものを1つ選ぼう**

生徒A：私たちはインターネットで検索してさまざまな情報にアクセスする権利があるよね。ある人の名前を検索して犯罪歴など本人が隠したい過去が表示されたとしても，私は **ア**＿＿＿＿＿よりも多くの人の **イ**＿＿＿＿＿を優先すべきだと思う。特に性犯罪などを犯した人は，仕方ないんじゃないのかな。

生徒B：もう罪を償っている場合，検索されて犯罪歴をさらされ社会生活に支障が出るとしたら，実感として刑罰は永遠に終わらないことにならないかな。

生徒A：確かに軽犯罪の場合は **ア** が優先されることもあり得るかも。ただし一方で，検索結果を司法や政府が規制することはインターネットにおける **ウ**＿＿＿＿＿の侵害にあたるんじゃないかな。

生徒B：私たちは検索して情報を得る権利があるけれど，自分の知られたくない過去を他人に検索されない「忘れられる権利」もある。どちらの権利が優先されるのかは，個別の事例ごとに考えていくべきだと思う。

**選択肢**

A　ア－プライバシーの権利　　　イ－表現の自由　　　　　ウ－知る権利

B　ア－表現の自由　　　　　　　イ－知る権利　　　　　　ウ－プライバシーの権利

C　ア－知る権利　　　　　　　　イ－プライバシーの権利　ウ－表現の自由

D　ア－プライバシーの権利　　　イ－知る権利　　　　　　ウ－表現の自由　　　　　（　　　）

**Q 2. 「表現の自由」と「プライバシーの権利」の衝突として適当なものを1つ選ぼう**

A　重大犯罪を犯した未成年の名前と写真をマスコミは報道すべきか否か

B　新型コロナウイルスについて明らかなデマ情報を発信したYouTube動画を削除すべきか否か

C　性表現が過激なマンガを公序良俗のためにコンビニから撤去すべきか否か

D　障がい者を侮蔑的に扱った小説を人権保護のため発行停止とすべきか否か　　　　　（　　　）

## *think about it!* 忘れられる権利について考えてみよう

**Q** アメリカのある州の法律では，性犯罪者の個人情報を刑期を終えた後も一定期間，一般に公開するよう定めている。再犯を防ぎ性犯罪を抑止するための法律だが，反面，前科者が激しい憎悪にさらされ暴行を受けるなどの事例も報告されている。すでに罪を償った性犯罪者の人権，「忘れられる権利」をどこまでを認めるべきか，あるいは認めないべきか，あなたの考えを書いてみよう

memo

# 男女平等は法で実現できるか？

教科書
p.050-051

**Q** 1. 下の表は世界経済フォーラムが公表している「ジェンダーギャップ指数」のスコアである。世界146ヵ国を対象に，経済，教育，健康，政治の4分野での各国の男女格差を表した指標で，1が完全平等，0が完全不平等を表す。設問に答えよう

演習問題

表1：ジェンダーギャップ指数
（「The Global Gender Gap Report 2023」）

| 順位 | 国名 | スコア |
|---|---|---|
| 1 | アイスランド | 0.912 |
| 2 | ノルウェー | 0.879 |
| 3 | フィンランド | 0.863 |
| 4 | ニュージーランド | 0.856 |
| 5 | スウェーデン | 0.815 |
| 〜 | | |
| ア | 日本 | 0.647 |

表2：日本のスコアの内訳

| 分野 | スコア |
|---|---|
| イ | 0.561 |
| ウ | 0.057 |
| エ | 0.997 |
| 健康 | 0.973 |

分野
・経済… 労働参加率，同一労働の賃金，管理職の男女比など
・教育… 識字率，高等教育就学率の男女比など
・健康… 出生児性比，健康寿命の男女比
・政治… 国会議員，官僚の男女比など

**(1)** 表1のアで，日本の順位はどれか

A 12位　　B 25位　　C 60位　　D 125位　　　　　（　　　　）

**(2)** 表2のイ，ウ，エの空欄に入る組み合わせとして正しいものはどれか

A イ−教育　　ウ−政治　　エ−経済
B イ−経済　　ウ−政治　　エ−教育
C イ−経済　　ウ−教育　　エ−政治
D イ−政治　　ウ−経済　　エ−教育　　　　　（　　　　）

**Q** 2. 男女雇用機会均等法の説明として誤っているものを1つ選ぼう

演習問題

A セクシュアル・ハラスメント防止のための措置を企業に義務づけている
B 妊娠，出産，育休取得などを理由とする解雇を禁止している
C 法令違反を犯した企業は企業名を公開され，過料を科せられるなどの罰則規定がある
D アファーマティブ・アクション（積極的差別是正措置）を認めていない　　　　　（　　　　）

## *think about it!* 男女平等について考えてみよう

**Q** 政治家の女性比率を引き上げるために，一定の数の女性議員枠を法律で定めるべきだという意見がある。こうした考え方はクオータ制と呼ばれ，他国では採用されている。日本では，議員は性別でなく選挙による投票結果で決めるべきだという考え方が根強く，実施されていない。あなたはクオータ制に賛成か，反対か，どちらかを選び，その理由を書いてみよう

# 多様な契約

❶ _____
❷ _____
❸ _____
❹ _____
❺ _____
❻ _____
❼ _____
❽ _____
❾ _____
❿ _____
⓫ _____
⓬ _____
⓭ _____
⓮ _____
⓯ _____
⓰ _____
⓱ _____
⓲ _____
⓳ _____

## さまざまな契約

1. 私たちは，自分の所有物であれば自由に貸し借りや売買ができる。これを❶＿＿＿＿＿＿＿の原則という。

2. 金銭の貸し借りや商品の売買では，返済期限や金額などさまざまな法的拘束力をもつ約束が生じる。その中で，商品の売買で交わす約束が❷＿＿＿＿＿，金銭の貸し借り時に交わすのが❸＿＿＿＿＿＿＿＿である。

3. 金銭の貸し借りでは，返済方法，返済期日，❹＿＿＿を決め，借主には期日までに返済する義務がある。

4. 金銭の貸し借りの契約時，返済できない時のために❺＿＿＿＿や❻＿＿＿＿を設定することがある。

5. 企業と雇用者の間で交わす，労働時間や賃金などの約束は❼＿＿＿＿＿＿である。

## 契約の無効と取り消し

6. 私たちは，個人間の約束事に関しては国家や法に干渉されず，❽＿＿＿に基づいて自律的に結ぶことができる。これを❾＿＿＿＿＿の原則という。

7. 2022年4月から成年年齢が❿＿＿歳に引き下げられた。

8. 契約は原則自由だが，契約内容が⓫＿＿＿＿＿や⓬＿＿＿＿＿に反する場合，無効となる。

9. 契約者の判断能力が不十分な場合，代理人が意思決定や契約解除の支援を行う⓭＿＿＿＿＿＿制度が設けられている。

## 紛争とその解決

10. 契約をめぐってトラブルが起こった場合，法律で解決を図ることができる。このうち，裁判により解決を目指す手続きを⓮＿＿＿＿という。

11. 民事訴訟では，⓯＿＿＿による損害ではなく，⓰＿＿＿から生じた損害であっても損害を与えた方は賠償責任を負う。これを⓱＿＿＿＿＿の原則という。

12. ⓲＿＿＿＿＿＿＿＿＿＿＿＿（ADR）は裁判を行わず第三者が介入してトラブルを解決する仕組みで，2004年に制定された。

13. 判決が出る前に，当事者同士で話し合って解決する方法を⓳＿＿＿＿という。

---

**1. 次の契約はいずれも当事者の意思で結んだ契約である。有効なものを1つ選ぼう**

A 一定の金額を相手に支払うことで性的関係を結ぶ愛人契約

B 10日で1割の金利を支払う金銭消費貸借契約

C 時給500円で働く労働契約

D 18歳になってからアパートを借りるために1人で結んだ賃貸借契約　　　　（　　　　）

**2. 次の契約を18歳から可能なもの（a）と20歳から可能なもの（b）に分類しよう**

A 携帯電話を契約する……（　　　　）　　　D 大型・中型自動車運転免許を取得する……（　　　　）

B ローンを組む…………（　　　　）　　　E クレジットカードを作る………………（　　　　）

C 結婚する………………（　　　　）

# 消費者の権利と責任

## 消費者の権利

1. アメリカのケネディ大統領は，消費者の４つの権利（❶＿＿＿＿＿への権利，
❷＿＿＿＿＿を与えられる権利，❸＿＿＿＿＿する権利，❹＿＿＿＿＿を聞かれる権利）を
示し，こんにちの消費者主権の原点になった。

2. 日本では1968年に❺＿＿＿＿＿＿＿＿＿＿＿法が制定され，2004年に「消費者
の自立支援」を基本理念にした❻＿＿＿＿＿＿＿法が制定された。

3. キャッチセールスなどから消費者を守るため，契約後も一定期間内なら無条件
で契約解除できる❼＿＿＿＿＿＿＿＿＿制度がある。

4. 消費者が欠陥商品によって被害にあった場合，製造者の故意・過失がなくても
賠償責任を問うことができる法律を❽＿＿＿＿＿＿＿＿法（PL法）という。

5. ❾＿＿＿＿＿＿法では，不当な勧誘や商品に関する虚偽の説明などがあった
場合，契約日から５年以内なら取り消し可能であり，消費者にとって明らかに
不利な契約条項を無効としている。

6. 消費トラブルの際の相談窓口としては，国が管轄する❿＿＿＿＿＿＿＿＿
のほか，地方自治体に⓫＿＿＿＿＿＿＿＿＿＿＿が設置されている。

7. 法的なトラブル解決の窓口として，日本司法支援センター（⓬＿＿＿テラス）が
ある。

8. 2009年，食品から製品まで消費者問題を包括的に取り扱う行政機関として，
⓭＿＿＿＿＿＿＿が設置された。

9. 「会員を増やせば増やすほどもうかる」などとそそのかして商品を買わせる商
法を⓮＿＿＿＿＿＿商法という。

## 消費者の責任

10. 消費者と企業とでは，企業の方が商品を熟知しており，情報が平等でないこと
が多い。これを⓯＿＿＿＿＿＿＿＿＿＿という。

11. 消費者は，企業の発信する広告に大きく影響される⓰＿＿＿＿＿効果や，流行など
周囲の消費行動に流される⓱＿＿＿＿＿＿＿＿＿＿＿＿効果に注意しなけ
ればならない。

12. 飲料容器などのペットボトルやプラスチック製品には⓲＿＿＿＿＿＿＿＿＿＿可能な
素材であることを示すマークがついている。

13. ⓳＿＿＿＿＿マークは鉱工業製品やサービスなどが国の安全規格を満たしている
印である。

❶ ＿＿＿＿＿＿＿＿＿
❷ ＿＿＿＿＿＿＿＿＿
❸ ＿＿＿＿＿＿＿＿＿
❹ ＿＿＿＿＿＿＿＿＿
❺ ＿＿＿＿＿＿＿＿＿
❻ ＿＿＿＿＿＿＿＿＿
❼ ＿＿＿＿＿＿＿＿＿
❽ ＿＿＿＿＿＿＿＿＿
❾ ＿＿＿＿＿＿＿＿＿
❿ ＿＿＿＿＿＿＿＿＿
⓫ ＿＿＿＿＿＿＿＿＿
⓬ ＿＿＿＿＿＿＿＿＿
⓭ ＿＿＿＿＿＿＿＿＿
⓮ ＿＿＿＿＿＿＿＿＿
⓯ ＿＿＿＿＿＿＿＿＿
⓰ ＿＿＿＿＿＿＿＿＿
⓱ ＿＿＿＿＿＿＿＿＿
⓲ ＿＿＿＿＿＿＿＿＿
⓳ ＿＿＿＿＿＿＿＿＿

## 演習問題

### 1. 1988年にイギリスで出版された消費ガイド「グリーンコンシューマー」の内容に合うもの を２つ選ぼう

A なるべく新しいものを選ぶ
B リサイクルシステムがあるものを選ぶ
C 新興国で生産されたものを選ぶ

D 健康への影響が少ないものを選ぶ
E 紙のパッケージを選ぶ

（　　　　）（　　　　）

### 2. クーリング・オフが適用できないケースを２つ選ぼう

A 認知症の祖母が訪問販売で高額商品を契約してしまったので解約したい
B インターネットで買った服が想像と違っていたので返品したい
C 訪問販売により保険の契約をしたが，同じような保険に入っていたので解約したい
D 中古車をローンで購入したが，故障が多いので解約したい

（　　　　）（　　　　）

# なぜ未成年者は自由に契約できないのか？

**Q 1. 下の表は契約が可能となる年齢についてまとめたものである。設問に答えよう**

| 内容 | 可能年齢 |
|---|---|
| クレジットカードの契約 | 18歳 |
| パチンコ／競馬投票券購入 | 20歳 |
| 選挙での投票 | 18歳 |
| 国民年金の納付 | 20歳 |
| 男性の結婚 | 18歳 |
| 女性の結婚 | ア |
| 賃貸借契約 | イ |
| 衆議院議員選挙への出馬 | ウ |

(1) **ア，イ，ウに入る組み合わせとして正しいものを1つ選ぼう**

A ア－18歳　　イ－18歳　　ウ－20歳

B ア－18歳　　イ－18歳　　ウ－25歳

C ア－16歳　　イ－20歳　　ウ－20歳

D ア－16歳　　イ－18歳　　ウ－25歳 （　　）

(2) **上の表の各契約についての説明として誤っているものを1つ選ぼう**

A 国民年金の納付は20歳からだが，学生などで支払い能力がない場合は猶予を受けることができる

B 18歳に達した成人が結んだアパートの賃貸契約は保護者が無効にできる

C ギャンブルなど依存症のおそれがある行為は20歳からとなっている

D 若者の声を政治に反映させるために選挙権が18歳に引き下げられた （　　）

**Q 2. 契約についての説明として誤っているものを1つ選ぼう**

A 金銭の貸し借りにおいては，貸した側は債務者であり，借りた側は債権者である

B 強迫により結ばれた売買契約は取り消すことができる

C 契約はお互いの自由な意思の合意によるものであるから自己責任が求められる

D 未成年者は意思能力が不完全であるとみなされ自由な契約はできない （　　）

**Q 3. 売買契約において，すでに代金を支払ったのに店から商品を渡してもらえないなど債務不履行があったとき，対処法としてふさわしくないものを1つ選ぼう**

A 契約の履行を求めて訴訟する　　　C 損害賠償を請求する

B 代金に相当する商品を持ち帰る　　D 契約を解除し返金してもらう （　　）

*think about it!* **契約自由の原則について考えてみよう**

Q もしあなたが，仲の良い友人やお馴染みの店との間で契約トラブルがあった場合，法に訴える前に当事者間でどんな交渉ができるだろうか，考えてみよう

# 消費者はどのように保護されているのか？

**演習問題**

**Q** **1. 下の文章はクラスで消費者の権利について話したときのものである。会話を読み，設問に答えよう**

**教師**：みなさんは18歳になるとできる契約が増えますが，何か不安はありますか？

**生徒A**：強引な押し売りなら断る自信があるけれど，ネットビジネスは詐欺かどうかの判断が難しそうです。

**生徒B**：複雑なシステムだと，相手の言うことが正しいような気がしてきますよね。あとは，広告に有名人を起用していたら信じてしまいそうです。

**教師**：無許可で芸能人の写真を使用しているケースもあるので注意が必要ですね。

**生徒A**：高額な商品の購入や契約を行うときは情報を安易に信用せず，親や友人にも相談してみようと思います。

**生徒B**：**ア**でも商品を購入する側は企業より商品知識も専門知識もないので，不利ではないでしょうか。

**教師**：もし契約を結んだ後に後悔したら，不当な契約は解除できる制度があるので，まずは**イ**消費生活センターに相談しましょう。

**(1) 下線アのような状態を表す言葉として適切なものを１つ選ぼう**

**A** 情報の非対称性　　**B** デモンストレーション効果　　**C** グリーンコンシューマー　　**D** 過失責任の原則

（　　　　）

**(2) 下線イに関連して消費者トラブルの解決を支援する機関の説明として正しいものを１つ選択しよう**

**A** 日本司法支援センター（法テラス）は，法的なトラブル解決のために警察署内に設置された相談窓口である

**B** 2009年に設置された消費者庁は，消費者からの苦情を分析し，企業に改善勧告などを行っている

**C** 消費者基本法の基本理念は「消費者の被害撲滅」である

**D** 消費生活センターはトラブル対処を行い，国民生活センターは被害防止のための啓蒙活動を行っている

（　　　　）

**演習問題**

**Q** **2. 消費者運動として適当でないものを１つ選ぼう**

**A** 動物愛護団体による毛皮製品のボイコット運動

**B** 環境保護団体によるクリーンエネルギー推進運動

**C** 災害による農作物被害の補填を政府に要求する農業組合の運動

**D** 治療方法について事前の説明を医療機関に求める患者の運動

（　　　　）

## *think about it!* 消費者運動について考えてみよう

**Q** 福島第一原発の事故のあと，福島県の水産物，農産物に対して放射能汚染を危惧する声が広がり，その後，安全性が証明された後も風評被害にさらされた。安全性を求める運動はときに思わぬ効果を及ぼすこともある。あるべき消費者運動についてあなたの考えを書いてみよう

# 日本の司法制度

❶ _____

❷ _____

❸ _____

❹ _____

❺ _____

❻ _____

❼ _____

❽ _____

❾ _____

❿ _____

⓫ _____

⓬ _____

⓭ _____

⓮ _____

⓯ _____

memo

- - - - - - - - - -

- - - - - - - - - -

- - - - - - - - - -

- - - - - - - - - -

- - - - - - - - - -

- - - - - - - - - -

第2章

司法と裁判

## 司法制度の仕組み

1. 公正な裁判を行うため，裁判所は国会や内閣に干渉されない。これを❶_____
の独立という。

2. 憲法によって裁判官の身分は保証されているが，裁判官としてふさわしくない
行いがあった場合，国会に設置される❷_____で罷免できる。

3. 裁判には，個人の争いを解決する❸_____裁判と，犯罪について有罪無罪を決
め刑罰を科す❹_____裁判がある。

4. 裁判結果に不服の場合，二審裁判所に❺_____し，裁判を行うことができる。
それでも不服の場合，❻_____して三審に訴えることができる。

5. このように3回まで裁判を受けられる制度を❼_____という。

6. 判決確定後に重要な証拠などが見つかった場合，裁判をやり直すことができる。
これを❽_____制度という。

## 違憲審査権

7. 裁判所は法律，命令，規則などが憲法に反しているか否か判断する違憲審査権
をもち，立法権や行政権によって❾_____が侵害されるのを防いでいる。

## 司法権の独立と三権分立

8. 憲法では国家権力の濫用を防ぐため，❿_____，⓫_____，⓬_____の三権が
抑制と均衡の関係にある。

## 司法制度改革

9. 2018年から，贈収賄や脱税などに関して，他人の犯罪を告発すると告発者の処
分が軽減される⓭_____制度が開始された。

10. ⓭は組織犯罪などの摘発に効果的だが，虚偽の密告による⓮_____のリスクも
指摘されている。

11. 経済的理由などで弁護士を依頼できない場合，国費で弁護人を付する制度を
⓯_____制度という。

---

演習問題

**1. 以下の権限は国会（a），内閣（b），裁判所（c）のいずれの役割か，また権限を及ぼす対象
はどこか，整理してみよう　例）a から c**

A 違憲審査権………（　　　　　）　　　D 内閣不信任案………（　　　　　）

B 首相の指名………（　　　　　）　　　E 衆議院の解散………（　　　　　）

C 弾劾裁判…………（　　　　　）

**2. 日本の裁判制度について誤っているものを1つ選ぼう**

A 刑事裁判，民事裁判ともに三審制がとられている

B 民事裁判では有罪・無罪ではなく損害賠償責任を争う

C 最高裁判所の判決確定後でも，裁判のやり直しをすることがある

D 裁判官を裁く弾劾裁判は最高裁判所で審理される　　　　　　　　　　（　　　　　）

# 国民の司法参加

教科書
p.062-063

## 司法への参加

1. 裁判は，公正さを確保するために❶＿＿＿で行われ，国民は自由に傍聴できる。

2. 相対する当事者が法廷に出頭し，裁判官の前で主張を述べることを❷＿＿＿という。

3. 最高裁判所の裁判官は，❸＿＿＿＿＿によって過半数が不信任票を投じた場合，その裁判官は罷免される。

4. 2009年から，❹＿＿＿で選ばれた国民が刑事事件の裁判に参加し，裁判官と一緒に犯罪の有無や刑罰を判断する❺＿＿＿制度が開始された。

5. 犯罪者に刑罰を与える目的は，罪への報復，犯罪の抑止，犯罪者の再犯防止と❻＿＿＿である。

6. 犯罪の被害者や家族は，希望すれば裁判で意見陳述したり被告人に質問したりできる。2008年から始まったこの制度を❼＿＿＿＿＿制度という。

7. 少年法は，❽＿＿歳未満，❾＿＿歳以上の少年の犯罪に対し，処罰よりも更生と保護を優先させる法律である。

8. しかし少年犯罪の凶悪化の影響により，少年法は厳罰化の動きがある。2014年には有期刑の上限が❿＿＿年に引き上げられた。

9. 検察によって不起訴処分になった事件の場合，その不起訴が妥当かどうかを国民から選ばれた審査員が審査する⓫＿＿＿＿＿がある。

10. 2009年の法改正により，⓫において二度起訴すべきと判断された場合，⓬＿＿＿＿＿されるようになった。

❶＿＿＿＿＿
❷＿＿＿＿＿
❸＿＿＿＿＿
❹＿＿＿＿＿
❺＿＿＿＿＿
❻＿＿＿＿＿
❼＿＿＿＿＿
❽＿＿＿＿＿
❾＿＿＿＿＿
❿＿＿＿＿＿
⓫＿＿＿＿＿
⓬＿＿＿＿＿

memo
- - - - - - - - - - - - - - - -
- - - - - - - - - - - - - - - -
- - - - - - - - - - - - - - - -

---

**演習問題** ／ **裁判員制度の説明として正しいものを2つ選ぼう**

A 対象となる裁判は一審もしくは二審である　　　C 公判では裁判員からも証人に質問できる

B 裁判員は18歳以上の国民を対象に選出される　　D 扱う事件は殺人事件以外である

（　　　）（　　　）

---

*think about it!*　**アメリカの制度と比較して考えてみよう**

**Q** アメリカでは有罪，無罪の判断を一般市民だけで行う「陪審制」が採用されている。日本の裁判員制度と比較してみよう

| | アメリカの陪審員制度 | 日本の裁判員制度 |
|---|---|---|
| 参加者 | 陪審員（18歳以上） | 裁判員（❶＿＿歳以上）＋❷＿＿＿＿ |
| 評議 | 有罪か無罪か | 有罪か無罪か，量刑 |
| 評決 | 全員一致（一部の州では10票で可） | ❸＿＿＿＿の賛成に加え❷が❹＿＿人以上賛成していること |

❶＿＿＿＿＿
❷＿＿＿＿＿
❸＿＿＿＿＿
❹＿＿＿＿＿

memo
- - - - - - - - - - - - - - - - - - - - - - - - - - - - - - - - - -
- - - - - - - - - - - - - - - - - - - - - - - - - - - - - - - - - -

# 刑事裁判と民事裁判の違いは何だろう？

**Q** **1. 下の文章はあるクラスで刑罰の目的について話したときのものである。会話を読み，設問に答えよう**

生徒A：もし犯罪を犯した人に個人的に仕返しをしたら，復讐の連鎖になってしまいます。だから国が代わりに刑罰を与えてほしい。

教師　：Aさんの考え方は⑦_____に基づく考え方で，罪に見合った報いを受けるべきということですね。

生徒B：重い刑罰を科しても犯罪が減るとは限らないんじゃないかな。薬物使用など再犯率の高い犯罪は，厳罰を与えても更生は難しいと思います。大事なのは犯罪者の社会復帰を促すために必要な刑罰だと思います。

教師　：Bさんの言う⑦_____に基づくとしたら⑦_____は廃止すべきですね。

生徒C：厳罰を与えた後で冤罪だとわかったら取り返しがつかないので，もし裁判員に選ばれたら責任重大ですね。

(1) ア，イ，ウの空欄に入る組み合わせとして正しいものはどれか

A　ア－目的刑論　　イ－応報刑論　　ウ－被害者参加制度

B　ア－目的刑論　　イ－応報刑論　　ウ－執行猶予

C　ア－応報刑論　　イ－目的刑論　　ウ－死刑制度

D　ア－応報刑論　　イ－目的刑論　　ウ－司法取引　　　　　　　　　　　（　　　）

(2) 生徒Cの言うように判決確定後に重大な事実誤認があった場合，裁判のやり直しを行うことができる。この制度を何というか

A　再審制度　　　B　国選弁護制度　　C　違憲審査制度　　D　検察審査会制度　　（　　　）

**Q** **2. 刑事裁判と民事裁判についての説明で誤っているものを１つ選ぼう**

A　刑事裁判では，検察官が被告人の代理として加害者の責任を追求する

B　民事裁判では訴えを起こした側が原告，訴えられた側が被告と呼ばれる

C　刑事責任が認められず無罪となった場合も，民事裁判で賠償責任が生じる場合がある

D　刑事裁判は有罪か無罪かを争い，民事裁判では損害賠償責任の有無を争う　　（　　　）

*think about it!* **死刑制度について考えてみよう**

**Q** 世論調査では死刑制度を容認している日本人が多い。一方で世界の先進国の多くは死刑を廃止している。あなたは死刑制度に賛成か，反対か。以下の容認派，廃止派の意見を参考に自分の考えを書いてみよう

容認派／凶悪犯罪は命を持って償い，被害者や遺族の苦しみに応えるべきだ。

廃止派／人の命を奪う行為を合法化すべきではない。また万が一，判決が間違っていた場合，取り返しのつかないことになる。

# なぜ疑わしいときは被告人の利益とすべきか？

教科書 p.066-067

**Q 1.** 下のグラフは「裁判員制度の実施により，裁判がより公正中立なものになったと思うか」という意識調査の結果である。グラフから読み取れることとして適当なものを1つ選ぼう

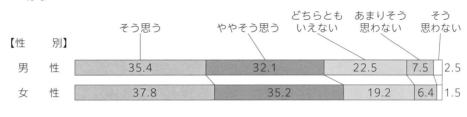

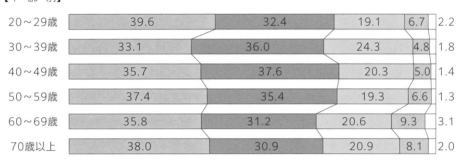

出典／令和2年　裁判員制度の運用に関する意識調査

- **A** 裁判がより公正中立なものになったと思う，ややそう思うと答えた人の割合は20歳代が他の世代よりも多い
- **B** 公正中立になったと思わないと答えた人の割合は全世代を通じて3％以下である
- **C** 男性より女性の方が裁判がより公正になったと思う人の割合が高い
- **D** 「そう思う」と答えた人と「そう思わない」と答えた人の割合の差がもっとも大きいのは70歳以上である

（　　　　）

**Q 2.** 「無罪推定の原則」の説明として適当なものを2つ選ぼう

- **A** 犯罪の疑いをかけられても，起訴されて被告人となるまでは無罪として扱う
- **B** 「無罪推定の原則」は世界人権宣言でも保障されている刑事裁判の原則である
- **C** 痴漢など現行犯逮捕の場合は「無罪推定の原則」があてはまらない
- **D** 有罪判決には有罪の証明が必要だが，無罪に証明は必要ない

（　　　　）（　　　　）

## *think about it!*　「黙秘権」について考えてみよう

**Q** なぜ憲法では黙秘権が保障されているのか。以下のキーワードを参考に説明してみよう
**キーワード／個人の尊重，無罪推定，冤罪**

# 重要語句を確認しよう

## 法と社会

1. 権力者も法の下になければならないという考え方を何というか
2. 国家権力を憲法で制限することで人権を保障する政治の原理を何というか
3. 法の内容より法に基づく行政の形式を重視する考え方を何というか
4. 人間の本性に基づく自然法に対し，人為的に定めた法を何というか
5. 日本の法体系を3つに分類すると，公法，私法と，何に分類できるか
6. 六法とは，憲法，刑法，民法，民事訴訟法，刑事訴訟法と何か
7. 判例の集積や習慣が法的拘束力を持つ法を何というか
8. 法律を制定する機関はどこか
9. 法律が憲法に違反していないか裁判所が判断を行う仕組みを何というか

## 契約と消費

1. 自分の所有物であれば自由に使用し，貸与し，売買できることを何の原則というか
2. 商品の売買時に交わす法的拘束力のある約束を何というか
3. 金銭の貸し借り時に行う約束を何というか
4. 金銭の貸し借り時は，返済方法，期日のほか，何を決めるか
5. 企業と労働者の間で交わされる労働条件などの契約を何というか
6. 当事者の意思に基づいて自由に契約できる原則を何というか
7. 私人間の契約には国家や法は極力介入しないという原則を何というか
8. 契約内容が社会的に妥当でなく無効であることを何に反するというか
9. 成年年齢を18歳とする改正が行われた法律は何か
10. 判断力が不十分な人に代わり代理人が契約の支援をする制度を何というか
11. 契約をめぐる紛争解決の方法には，訴訟と何があるか
12. 故意ではなく不注意で生じた損害にも賠償責任を負うという原則を何というか
13. 裁判の判決前に，当事者同士の話し合いでの解決を何というか
14. 裁判を行わず，中立的な第三者が介入して紛争解決する手続きは何か
15. 1962年に消費者の4つの権利を提唱したアメリカの大統領は誰か
16. 一定期間内であれば無条件で契約を解除できる制度は何というか
17. 製品の欠陥による損害で賠償責任を問うことができる法律は何か
18. 消費者保護基本法が改正され2004年に施行された消費者を守る法律は何か
19. 消費者の苦情や相談の窓口として地方自治体に設置されている機関はどこか
20. 法的なアドバイスをしたり弁護士を紹介したりする相談窓口はどこか
21. 消費者問題に対応し企業などに改善指示などを出す省庁はどこか
22. 消費者より企業の方が商品に関する情報が豊富なことを何というか
23. 周囲の消費行動に影響されてしまうことを何というか
24. イギリスで出版された10の原則を定めた消費ガイドを何というか
25. 食品の安全性や品質について国の規格を満たしていることを表すマークは何か

# 重要語句を確認しよう

26 「会員を増やせば儲かる」などとそそのかして物を買わせる商法を何というか　26 _____

27 Webサイトや電子メールなどに記載されたURLを一度クリックしただけでサービスの契約成立を宣言され，多額の料金支払いを求められる詐欺を何というか　27 _____

## 司法と裁判

1 裁判所は国会や内閣の干渉を受けないという原則を何というか　1 _____

2 法律が憲法に違反していることを何というか　2 _____

3 国会に設置され裁判官を罷免することができる裁判所は何か　3 _____

4 私人間の争いを解決する裁判を何というか　4 _____

5 検察官と被告人が対峙し刑罰を争う裁判を何というか　5 _____

6 日本では3回まで裁判を受けられる。この制度を何というか　6 _____

7 一審判決に不服を申し立て，二審に再審理を求めることを何というか　7 _____

8 最高裁判所に再審理を求めることを何というか　8 _____

9 判決確定後でも裁判のやり直しを行うことができる制度は何か　9 _____

10 他人の犯罪を告発すると告発者の処分が軽減される制度を何というか　10 _____

11 法律が違憲と判断された場合，何が行われるか　11 _____

12 最高裁判所長官の指名を行う機関はどこか　12 _____

13 自費で弁護士を雇えない場合，国費で弁護人を付することができる制度を何というか　13 _____

14 最高裁判所の裁判官が適任かどうか判断するための国民の投票を何というか　14 _____

15 裁判員の対象年齢は何歳以上か　15 _____

16 裁判員制度の対象となるのは何審か　16 _____

17 裁判員制度では有罪・無罪のほかに何を決めるか　17 _____

18 刑罰は犯罪に対する報いであるという考え方を何というか　18 _____

19 刑罰は犯罪の予防のためにあるという考え方を何というか　19 _____

20 犯罪被害者や遺族が裁判で被告人尋問や証人尋問ができる制度は何か　20 _____

21 不起訴となった事件について，判断が妥当か否かを審査する制度は何か　21 _____

22 14歳以上，20歳未満の者が犯した犯罪を裁く法律は何か　22 _____

23 事後に制定された法律によって罰せられないことを何というか　23 _____

24 被告人は判決が確定しない限り無罪として扱うとする原則を何というか　24 _____

25 無罪の者が刑罰を科されることを何というか　25 _____

26 逮捕には裁判官が発する逮捕状を必要とする刑事手続きの仕組みを何というか　26 _____

27 取り調べなどで言いたくないことを言わない権利を何というか　27 _____

# 発展問題

## コロナ禍と憲法

コロナ禍では，感染症予防対策として人々のさまざまな権利が制限された。下の文章は，法と私権制限について述べたものである。設問に答えよう

　緊急事態宣言が発出された地域では政府や自治体から「外出の自粛」が呼びかけられ，飲食店には「営業時間短縮の要請」が出されました。「禁止」や「命令」ではなくて「自粛」「要請」に留められたのは憲法の「移動の自由」（22条）や「経済活動の自由」（22条，29条）などに抵触するおそれがあったからです。同調圧力が強いとされる日本社会では大多数の国民がこれに従いましたが，一方で自由を主張し，要請に従わない人に対して激しいバッシングが起こりました。

　法的に明確な根拠のない「お願い」により国民の自由を制限する政治は，　ア　ではなく　イ　だという批判が 一部で起こりました。さらに世界に目を向ければ，厳格な都市封鎖を行った中国が効果的に感染症を抑え込んだことから，緊急時には　ウ　が有効なのではないかという考え方も一部にあります。日本でも緊急事態が起こったときには内閣総理大臣が一時的に強力な権限を持つ「緊急事態条項」を憲法に書き込むべきだと訴える意見もあります。

　コロナ禍のような災害に際し，どのような法が私たちの社会にとってふさわしいでしょうか。

**Q　1. 空欄を埋める組み合わせとして正しいものはどれか**

A　ア－法の支配　　イ－空気の支配　　ウ－人の支配
B　ア－人の支配　　イ－法の支配　　ウ－空気の支配
C　ア－空気の支配　　イ－人の支配　　ウ－法の支配　　　　　　　（　　　　）

**Q　2. 下線部についてどちらの意見を支持するか，その理由を書いてみよう**

A　権力により濫用されるおそれのある「緊急事態条項」を加える改憲には反対だ。自由と感染症対策のジレンマは，公共の福祉の概念を用いて，その都度検討すべきだ

B　感染症のような緊急事態が起こったときに限定し，国家が一時的に国民の自由を制限することを認めるべきだ。公共の福祉のような曖昧な記述ではなく緊急事態条項として憲法に明記した方が，権力の濫用はむしろ抑止できる

✐（　　　　）

_____

_____

_____

_____

_____

_____

# 発展問題

## コロナ禍と政治

**下はコロナ禍における経済対策についての文章である。設問に答えよう**

　政府はコロナ禍で経済的に困窮した人への支援を行うことを決め，誰にいくらを給付するかが議論されました。困窮者に限定し30万円を給付する案か，全国民に10万円を給付する案か，どちらが国民にとって有益なのでしょうか。

　30万円案は必要な人に手厚く支援を行うため，　ア　性が良いです。しかし困窮者をどこで線引きするか，もらえる人ともらえない人が出るため　イ　性という観点から見ると問題が残ります。10万円案はすべての人が対象となるため　イ　です。しかしコロナ禍で逆に資産が増えた人にも給付されるため　ア　は悪くなります。

　さらに「いつ」という時間を考慮した場合，　ウ　案は国民一人ひとりの資産を把握するのに膨大な事務作業を要するため　ア　はとても悪くなります。　エ　案はベーシック・インカムに近い考え方で給付に必要な事務や手続きを簡素化し，迅速に支援することができるという利点があります。

　議論の末，政府は特別定額給付金として12兆8803億円をかけて国民全員に10万円を給付しました。

**Q　1. 空欄を埋める組み合わせとして正しいものはどれか**

A　ア－公正　　イ－効率　　ウ－30万円　　エ－10万円
B　ア－効率　　イ－公正　　ウ－30万円　　エ－10万円
C　ア－公正　　イ－効率　　ウ－10万円　　エ－30万円
D　ア－効率　　イ－公正　　ウ－10万円　　エ－30万円　　　　　　　　（　　　　）

**Q　2. 下記のどちらの意見を支持するか，その理由を書いてみよう**

A　10万円給付案は一見平等に見えるが，本当に困っている層と裕福な層を一緒にしてしまうので，実質的には不平等だ。政府が時間と手間をかけずに困窮者を支援するためにマイナンバー制度などの仕組みを促進すべきだ

B　10万円を全国民に配れば迅速，確実に困窮者に支援を届けることができる。また給付金の原資は国民の税金であり，その多くを負担するのは裕福な層であるから10万円を受け取るからといって，不平等とはいえない

✏（　　　　）

_____

_____

_____

_____

_____

_____

# 選挙と政治参加

❶
❷
❸
❹
❺
❻
❼
❽
❾
❿
⓫
⓬
⓭
⓮
⓯
⓰
⓱
⓲
⓳
⓴
㉑
㉒
㉓
㉔

## 民主主義のかたち

1. 民主主義は❶＿＿＿＿＿＿とも表現され，政治の最終的な決定権は国民にあるという考え方に基づく。

2. 民主主義には，国民が直接政治を行う直接民主主義と，国民の代表者を通じて政治に参加する❷＿＿＿民主主義（議会制民主主義）がある。

3. 直接民主主義は日本の国政では最高裁判所裁判官の❸＿＿＿＿＿や，❹＿＿＿＿＿のための国民投票で採用されている。

## 選挙の意義と仕組み

4. ❺＿＿歳以上のすべての国民は選挙権を有する。

5. 公正な選挙には，投じられた票の価値を同等に扱う❻＿＿＿＿選挙や，誰に投票したか明かされない❼＿＿＿投票などの制度が必要である。

6. 公正な選挙のためのルールを定めた❽＿＿＿＿＿法は，違反した場合，候補者も有権者も処罰対象となる。

7. 1軒ずつ訪ねて投票をお願いする❾＿＿＿＿＿は禁止されている。

8. 違法な選挙活動が発覚した場合，その活動に候補者本人が関わっていなかった場合でも当選無効になる。これを❿＿＿＿制という。

9. 衆議院選挙には，候補者を選ぶ⓫＿＿＿＿＿制と，政党を選ぶ比例代表制が併用されており，⓫で落選しても復活当選の機会が与えられる⓬＿＿＿立候補制が導入されている。

10. 衆議院選挙の比例代表制では，政党が候補者の当選順位を事前に提出しておく⓭＿＿＿＿＿式が採用されている。

11. 参議院選挙の比例代表制は⓮＿＿＿＿＿式で，当選順位は決まっていない。ただし2019年からは，政党が選択すれば⓯＿＿＿＿で名簿に順位をつけることが可能になった。

12. 選挙区の人口差によって当選に必要な得票数に差が生まれてしまう⓰＿＿＿＿問題は，憲法に定められた平等選挙の原則と反するため，たびたび⓱＿＿＿判決が出ている。

13. 落選した候補者に投じられた票を⓲＿＿＿という。

14. 衆議院議員の任期は⓳＿＿年，参議院議員は⓴＿＿年である。

15. 衆議院議員に立候補できる資格は㉑＿＿歳以上，参議院は㉒＿＿歳以上である。

16. 2006年から実施されている㉓＿＿＿＿＿＿＿＿＿は，条例や政策について広く国民の意見を聞く制度である。

17. 近年では㉔＿＿＿＿＿＿＿を利用した選挙運動が解禁され，SNSや動画でも政策をアピールできるようになった。

---

演習問題

**日本の選挙制度では，参政権をもつすべての人が投票できるようさまざまな工夫があるが，下記のうち実施されていないものを1つ選ぼう**

A 本人の家族が投票できる代理人投票

B 名簿の登録地以外でも投票できる不在者投票

C 投票日の前に投票できる期日前投票

D 外国に住んでいても投票できる在外投票

（　　　　）

# 公正な世論の形成

教科書
p.074-075

## 政党政治

1. 1955年，自由党と日本民主党が合同し❶＿＿＿＿＿＿党が結党した。

2. 戦後の政治状況は，保守政党と革新政党が拮抗しつつも❶党政権が続いてきた。この状況を❷＿＿＿＿＿＿という。

3. 自民党は1993年の総選挙で過半数を失い，複数の政党が協定を結んで政権を担当する❸＿＿＿政権が誕生した。

4. 有力な２つの政党が政権獲得を目指すことを❹＿＿＿＿＿＿という。

5. 1994年には❺＿＿＿＿＿＿＿法が改められ，政治資金の公開などが義務付けられた。

6. 政党政治を健全に機能させるためには，❻＿＿＿＿＿＿を前提とした情報公開が重要である。

7. 2013年に機密情報の漏洩を防ぐ❼＿＿＿＿＿＿＿法が制定された。

## 公正な世論とポピュリズム

8. 政策や選挙結果には，新聞社やテレビ局が行う❽＿＿＿＿＿＿の結果も影響する。

9. ポピュリズムとは❾＿＿＿迎合主義のことである。

10. マスメディアの報道は世論に大きな影響を与えるため，❿＿＿＿＿＿＿と呼ばれている。

11. メディアの偏った意見に左右されないよう，情報を理性的に判断するメディア⓫＿＿＿＿＿＿を身につけることが重要である。

12. 特定の政党を支持していない⓬＿＿＿＿層が近年増えている。

13. 世論は住民運動や⓭＿＿＿など直接行動にも表れている。

❶＿＿＿＿＿＿＿＿
❷＿＿＿＿＿＿＿＿
❸＿＿＿＿＿＿＿＿
❹＿＿＿＿＿＿＿＿
❺＿＿＿＿＿＿＿＿
❻＿＿＿＿＿＿＿＿
❼＿＿＿＿＿＿＿＿
❽＿＿＿＿＿＿＿＿
❾＿＿＿＿＿＿＿＿
❿＿＿＿＿＿＿＿
⓫＿＿＿＿＿＿＿＿
⓬＿＿＿＿＿＿＿＿
⓭＿＿＿＿＿＿＿＿

---

**演習問題**

### 1. 政党政治の説明として適切でないものを１つ選ぼう

A 政権を取った政党は与党として政治を動かし，取れなかった政党は野党となる

B 国会議員が３人以上か，得票率で全体の２％以上を得た政治団体が国政政党である

C １つの政党が過半数の議席を取れなかった場合，複数の政党が連立政権を組む

D 55年体制とは自由民主党と野党が拮抗しつつも，自由民主党政権が続いてきた戦後の政治体制をいう

（　　　　）

### 2. 世論の形成について適切なものを２つ選ぼう

A 世論とは政府が行う調査によって示される指標である

B SNSなどで発信される情報は誤りも多いため世論に与える影響は少ない

C 世論に過敏に反応する政治をポピュリズムという

D デモや住民運動などによる意見表明も世論のひとつである　　（　　　）（　　　）

### 3. 衆議院選挙の投票率について適切なものを２つ選ぼう　※教科書p.075／03のグラフを参照

A 2017年の選挙でもっとも投票率の低かった世代は10歳代である

B 21世紀以降の選挙では一貫して60歳代の投票率がもっとも高い

C 1990年の選挙を境に全世代で投票率が下落傾向にある

D 1967年以降，20歳代の投票率が30歳代を上回ったことは一度もない　　（　　　）（　　　）

# 日本の若者の投票率はなぜ低いのか？

**Q 1. 下の会話は公民科の教師と生徒の会話である。会話のア，イに入る適切なものを選択肢A〜Cの中から選ぼう**

生徒A：教育の中立性を厳密に守ると，先生は政治について教科書に書いてあること以外，自分の考えを何一つ授業で言えなくなりませんか。

教師：そうですね。でも教科書に書いてあることを教わるだけの授業は面白いですか？

生徒B：私はみんなで課題について議論する授業の方がいろんな考え方を知ることができて勉強になります。

教師：議論型の授業では先生は ア という役割を果たすべきですね。

生徒A：他校の友人から聞いた話では，女性政治家が公民科の授業で「男女平等」について講演をしてとても面白かったそうです。

生徒B：なるほど，最近は学校の外から講師を呼ぶ学校が増えているよね。でも例えば憲法改正や脱原発について，政治家が学校の授業で自分の主張を述べるとしたら，教育の中立性に反するんじゃないかな。

教師：その場合は イ という方法を取るべきではないでしょうか。

**ア**

A 結論が正解へ向かうよう調整する

B 生徒と同じ目線で自分の意見を主張する

C 一方の意見に偏らないよう中立的な立場から見守る　　　　　　　　　　（　　　　　）

**イ**

A あらかじめ校内の模擬選挙で支持された政治家を呼ぶ

B 反対意見を持つ別の政治家の主張も聞く機会を設ける

C 意見が分かれるテーマは避け，誰もが納得できるテーマに限定する　　（　　　　　）

**Q 2. 日本では，国や地方自治体に要望を訴えることができる「請願」という制度がある。請願についての説明で誤っているものを1つ選ぼう**

A 国会や地方議会に請願書を提出するためには，紹介議員が必要である

B 憲法16条では請願する権利が保障され，未成年も権利主体として認められている

C 請願書は日本国内に在住の外国人も提出可能である

D 請願が採択された場合，行政機関は請願内容を実施する義務がある　　（　　　　　）

*think about it!* **地域の請願について考えてみよう**

Q 地元の地方議会に提出された請願についてインターネットなどを使って調べてみよう。また，議会で採択された請願内容がその後どうなっているか，調べてみよう

_____

_____

_____

_____

_____

# 国会と内閣

教科書 p.078-079

## 国会の仕組み

1. 憲法第41条には,「国会は, 国権の最高機関であって, 国の唯一の❶＿＿＿＿＿＿＿ である」と定められている。

2. 国会には法律や予算の議決, 条約の承認, ❷＿＿＿＿改正の発議, ❸＿＿＿＿＿＿ の指名などの権限がある。

3. 国会は, ❹＿＿＿＿＿＿と❺＿＿＿＿＿の二院制である。

4. ❸の指名, 条約, 予算案で両院の決議が一致しない場合, 両院❻＿＿＿名ずつの 委員によって❼＿＿＿＿＿＿＿＿＿が開かれる。

5. ❼でも一致しない場合は, ❽＿＿＿＿＿の議決が優先される。

6. 両院には,内閣や官庁の行政が正しく行われているか調査する❾＿＿＿＿＿＿＿ がある。

7. 自由な言論活動を保障するため, 国会議員は国会会期中には❿＿＿＿されない ほか, 院内の発言に責任を問われない⓫＿＿＿＿＿＿が与えられている。

8. 国会には毎年1月に招集される⓬＿＿＿＿＿＿と, もち越された議題を審議す る⓭＿＿＿＿＿などがある。

## 内閣と行政

9. 内閣総理大臣は⓮＿＿＿＿＿＿を任命し, 内閣を組織する。

10. 衆議院が内閣に対して⓯＿＿＿＿＿＿を可決したら, 内閣は⓰＿＿＿＿＿するか 衆議院を⓱＿＿＿＿しなければいけない。

11. 国会と内閣が密接に関係して政治を運営していく仕組みを⓲＿＿＿＿＿＿＿＿と いう。

## 官僚政治

12. 法律の細部の取り決めや命令を行政機関に任せる⓳＿＿＿＿＿＿が増大している。

13. 2000年代は官僚による許認可制を緩め, 民間の活力を高めるため, ⓴＿＿＿＿＿ ＿＿が進められた。

14. 官僚政治への批判の高まりから, 官僚の天下りの是正, 行政機関の統廃合など ㉑＿＿＿＿＿＿が進められた。

15. 2007年の㉒＿＿＿＿＿＿＿では, 郵政事業は郵便局, 郵便事業, ゆうちょ銀行, かんぽ生命保険の4社に分割民営化された。

❶＿＿＿＿＿＿＿＿＿
❷＿＿＿＿＿＿＿＿＿
❸＿＿＿＿＿＿＿＿＿
❹＿＿＿＿＿＿＿＿＿
❺＿＿＿＿＿＿＿＿＿
❻＿＿＿＿＿＿＿＿＿
❼＿＿＿＿＿＿＿＿＿
❽＿＿＿＿＿＿＿＿＿
❾＿＿＿＿＿＿＿＿＿
❿＿＿＿＿＿＿＿＿
⓫＿＿＿＿＿＿＿＿＿
⓬＿＿＿＿＿＿＿＿＿
⓭＿＿＿＿＿＿＿＿＿
⓮＿＿＿＿＿＿＿＿＿
⓯＿＿＿＿＿＿＿＿＿
⓰＿＿＿＿＿＿＿＿＿
⓱＿＿＿＿＿＿＿＿＿
⓲＿＿＿＿＿＿＿＿＿
⓳＿＿＿＿＿＿＿＿＿
⓴＿＿＿＿＿＿＿＿＿
㉑＿＿＿＿＿＿＿＿＿
㉒＿＿＿＿＿＿＿＿＿

---

演習問題

## 1. 内閣の権限にあてはまらないものを1つ選ぼう

A 法律の執行　　　　　　D 恩赦の決定
B 国務大臣の任命・罷免　E 条約の締結
C 国政調査権

(　　　　)

## 2. 省庁に関する説明として適切でないものを1つ選ぼう

A 2021年9月にデジタル庁が新設され, 担当大臣が任命された
B 東日本大震災の後, 2012年に期限付きで復興庁が設置された
C 企業を監視する公正取引委員会は経済産業省の管轄下にある
D 防衛庁は2007年に防衛省へと昇格した

(　　　　)

# 地方自治

❶ _____

❷ _____

❸ _____

❹ _____

❺ _____

❻ _____

❼ _____

❽ _____

❾ _____

❿ _____

⓫ _____

⓬ _____

⓭ _____

⓮ _____

⓯ _____

⓰ _____

⓱ _____

⓲ _____

⓳ _____

⓴ _____

㉑ _____

## 地方自治の役割と仕組み

1. 地方自治体は、❶_____と呼ばれる地域住民の最低限度の生活環境を保障するための役割を担っている。

2. 地方自治体の財源に占める自主財源の割合は全体の数割程度のため❷____と呼ばれており、国からの❸_____税や❹_____金に依存している。

3. 地方自治体の財源確保のため、納税者が希望する自治体に寄付すると住民税などの控除が受けられる❺_____が導入された。

4. 各自治体が条例を制定し独自に行う課税を❻_____という。

5. ❼_____は、地方の自立を目的に制定され、国から委任される❽_____が廃止された。

6. ❽廃止後、それらは自治事務、あるいは❾_____となった。

7. ❿_____では、地方へ税源移譲を含む3つの見直しを行った。

8. 1999年から2010年にかけて、効率的な地方自治実現のために全国で⓫_____が進められた。

9. 2014年、政府は地方都市に⓬_____を設け、税制の優遇などを行った。

## 地方自治と住民参加

10. 地方自治は、住民が直接政治参加できるため、⓭_____ともいわれる。

11. 地方自治は、住民の直接参加による⓮_____自治と、国から独立して地域の政治を行う⓯_____自治の2つの側面がある。

12. 地方自治体では、知事や市町村長などの首長と議員をともに住民の直接選挙により選出する⓰_____が採用されている。

13. 地方自治では⓱_____の制定や改廃、解職請求（⓲_____）などの直接請求が可能である。

14. 地域に関する具体的な政策の是非を住民に問う⓳_____（レファレンダム）の手続きを定める自治体も多い。

15. 2015年と2020年に大阪府と大阪市の二重行政の解消を目指した⓴_____の賛否が⓳で問われ、僅差の末、2回とも否決された。

16. 住民から依頼を受けた代理人が行政へ是正措置の勧告などを行う㉑_____制度が設置された地方自治体もある。

## 演習問題

**1. 地方自治体の直接請求権のうち、有権者の3分の1以上の署名が必要なものを3つ選ぼう**

A 公務員の解職請求　　　D 議会の解散請求

B 首長の解職請求　　　　E 事務監査請求

C 条例の制定改廃請求

（　　　）（　　　）（　　　）

**2. コロナ危機における国と地方自治体の施策について誤っているものを1つ選ぼう**

A 飲食店などに対して営業時間の短縮などの要請をしたのは地方自治体の首長である

B 緊急事態宣言は日本政府が感染拡大地域の地方自治体に向けて発出したものである

C 休業補償金は地方自治体の財政状況によりバラつきが出ないよう全国一律で給付された

D 2020年に政府が発令した全国一斉休校の要請に従わない自治体があった

（　　　）

# 「国民投票」は本当にベストな方法か？

教科書 p.082-083

演習問題

**Q** **1. 下の文章は国民投票と選挙について教師と生徒の会話である。会話を読み，設問に答えよう**

**生徒A**：アメリカ大統領選挙やイギリスのEU離脱時の国民投票をテレビで見ていると，国民投票は重要な国の決定に参加できるので良い仕組みだと思います。

**生徒B**：私は荷が重いです。**ア**国民は選挙で代表者を選んでいるので，政治の専門家である政治家が責任をもって判断してほしい。

**教師**：みなさんは18歳から選挙権をもちますが，どうやって投票先を決めますか？

**生徒A**：私は候補者よりも**イ**政党の政策や公約を重視して投票しようと思います。

**生徒B**：公正な視点で判断したいですが，説明がわかりやすい著名人の意見にはかなり影響されます。ただ，**ウ**SNSを見ていると本当かどうか怪しい情報も多いので気をつけるようにしています。

**教師**：政治の問題はテストの答えとは違い，あらかじめ正解・不正解が決まっているわけではありません。自分と違う考え方の人の意見も聞いて判断するといいですね。

(1) 下線ア，イ，ウを表した用語の正しい組み合わせはどれか

A アー直接民主主義　　イー連座制　　　　ウー情報リテラシー
B アー間接民主主義　　イー小選挙区制　　ウーフィルターバブル
C アー直接民主主義　　イー大選挙区制　　ウー囚人のジレンマ
D アー間接民主主義　　イー比例代表制　　ウーフェイクニュース　　（　　　　）

(2) 生徒Bのような判断が揺らぐ多数層に向け，わかりやすい対立構造を用いて国民の意思を特定の方向へ意図的に誘導する政治手法を何というか

A 二大政党制　　　B 全体主義　　　C エスノセントリズム　　　D ポピュリズム　　（　　　　）

演習問題

**Q** **2. 日本の国民投票についての説明で誤っているものを1つ選ぼう**

A 国民投票が実施されたことはこれまでない
B 憲法改正は18歳以上の有権者の過半数の賛成で可決する
C 2007年に国民投票法が制定された
D 最高裁判所の裁判官は国民の直接投票による信任を受ける　　（　　　　）

*think about it!* **国民投票ついて考えてみよう**

**Q** 国民の判断が直接示される国民投票は，民主主義の重要な仕組みであるが，以下のような難点もある。これを克服するためにどうしたらよいだろうか。考えてみよう

**①賛成派・反対派に国民が二分され，激しい対立が起こる**

**②多数派にとって有利な政策が採択され，少数派の権利が侵害されるおそれがある**

# 重要語句を確認しよう

## 政治参加

1 ☐ 民主主義の起源とされる国はどこか

2 ☐ 市民が直接政治に参加し合意を形成していく政治システムを何というか

3 ☐ 市民が代表者を選び，代表者に政治を委ねるシステムを何というか

4 ☐ 国民が直接投票により罷免できる裁判官は誰か

5 ☐ 選挙権が得られる年齢はいくつか

6 ☐ 誰に投票したか明かされない選挙の仕組みを何というか

7 ☐ 国籍をもつすべての成人が投票できる選挙を何というか

8 ☐ 1つの選挙区から1人の当選者を選出する選挙制度を何というか

9 ☐ 政党を選んで投票する選挙制度を何というか

10 ☐ 選挙区の人口の偏りで議員数と有権者数の比率に差が出ることを何というか

11 ☐ 落選した候補者に投じられた票を何というか

12 ☐ 選挙区で落選した候補者が比例区で復活当選の機会を与える制度を何というか

13 ☐ 比例代表選挙であらかじめ当選順位を発表しておく仕組みを何というか

14 ☐ 公正な選挙のため，選挙運動の禁止事項などをまとめた法律は何か

15 ☐ 選挙活動違反で候補者本人の行為でなくても当選無効になることを何というか

16 ☐ 名簿の登録地以外でも投票できる制度を何というか

17 ☐ 投票日の前に投票できる制度を何というか

18 ☐ 衆議院議員，参議院議員の任期はそれぞれ何年か

19 ☐ 衆議院議員，参議院議員の被選挙権はそれぞれ何歳か

20 ☐ 条例や政策について国民に広く意見を求める制度を何というか

21 ☐ 政治を健全に機能させるための情報公開の制度は，国民の何の権利に基づくか

22 ☐ 2022年1月現在，自由民主党と連立政権を組んでいる政党はどこか

23 ☐ 自由民主党政権が続いてきた戦後の政治状況を何というか

24 ☐ 有力な政党2つが政権獲得を目指すことを何というか

25 ☐ 複数の政党で政権を担当することを何というか

26 ☐ プライバシーに関わる情報の利用制限を義務付ける法律は何か

27 ☐ 政府が特定した機密情報を漏洩した公務員を処罰する法律は何か

28 ☐ 新聞社やテレビ局が行う統計的社会調査を何というか

29 ☐ マスコミは世論への影響力が大きいことから何といわれているか

30 ☐ 特定の政党を支持しない人々の集団を何というか

31 ☐ 大衆の意見に過度に迎合した政治を何というか

32 ☐ メディアの情報を適切に判断し読み解く能力を何というか

33 ☐ 若年層の政治的無関心などの結果，起こっている問題は何か

## 国政と地方自治

1 ☐ 国会は衆議院と参議院の2つから構成される。これを何というか

# 重要語句を確認しよう

2 両院の議決が一致しない場合，最終的にどちらの議決が優先されるか ┃ 2 ┃

3 予算，条約などで両院の議決が一致しないときに開かれる会議は何か ┃ 3 ┃

4 法案について，識者の意見を聞くために国会で開かれるものは何か ┃ 4 ┃

5 国会議員が政府や官庁の行政に関して調査を行う権利を何というか ┃ 5 ┃

6 国会議員が国会会期中に逮捕されない特権を何というか ┃ 6 ┃

7 議員の言論活動を保障するため，院内での発言に責任を問われない特権を何というか ┃ 7 ┃

8 議員により発議された法案を何というか ┃ 8 ┃

9 毎年1月に召集され，予算案と法律案を審議する国会を何というか ┃ 9 ┃

10 補正予算案やもち越された議題を審議する国会を何というか ┃ 10 ┃

11 国会が指名を行う大臣は誰か ┃ 11 ┃

12 衆議院が内閣に不信任決議した時，内閣が選択できることは総辞職と何か ┃ 12 ┃

13 国会と内閣が密接に関係して政治を動かしていく仕組みを何というか ┃ 13 ┃

14 東日本大震災からの復興のため期限付きで設置された省庁は何か ┃ 14 ┃

15 2023年4月に設置された新しい庁は何か ┃ 15 ┃

16 各省の幹部人事を内閣主導で決定するために置かれた局は何か ┃ 16 ┃

17 内閣総理大臣が主宰する，内閣の意思決定を行う会議は何か ┃ 17 ┃

18 中央官庁の公務員が政治の中心的役割を果たしている状況を何というか ┃ 18 ┃

19 政治を政治家が主導して行うために設置された役職は大臣政務官と何か ┃ 19 ┃

20 法律の細部の取り決めなどや命令を行政機関に委ねることを何というか ┃ 20 ┃

21 経済活動活性化のため，さまざまな規制や認可制度を緩めることを何というか ┃ 21 ┃

22 官僚が民間企業や団体に幹部として再就職することを何というか ┃ 22 ┃

23 2007年に民営化された公益事業は何か ┃ 23 ┃

24 住民にとって必要な最低限度の生活環境を何というか ┃ 24 ┃

25 地方自治体の財源を補うため国から支出されるお金は，地方交付税と何か ┃ 25 ┃

26 地方自治体の自主財源の割合が低い状況を何と表すか ┃ 26 ┃

27 自治体に寄付をする代わりに所得税などの控除を受けられる仕組みを何というか ┃ 27 ┃

28 2000年に廃止されるまで地方自治体が国の代理で行っていた事務を何というか ┃ 28 ┃

29 地方の自立を目指し，2000年に施行された法律は何か ┃ 29 ┃

30 地方への税源移譲,地方交付税の見直しなどを一体化して進めた改革を何というか ┃ 30 ┃

31 税の優遇や金融支援などを特別に受けられる自治体と何というか ┃ 31 ┃

32 住民の政治参加によって地方自治が行われることを何というか ┃ 32 ┃

33 国政と比べ直接民主主義を実現しやすいことから,地方自治は何といわれているか ┃ 33 ┃

34 首長と議員の両方を住民が直接選挙で選ぶ制度を何というか ┃ 34 ┃

35 地方自治体が制定，改廃し，その自治体内で適用される法規を何というか ┃ 35 ┃

36 地方自治体の政策などについて，住民の意思を問うための投票を何というか ┃ 36 ┃

37 代理人が住民からの苦情を受け付け，調査分析して行政機関へ勧告する制度は何か ┃ 37 ┃

# 国家主権と領土問題

❶ _____
❷ _____
❸ _____
❹ _____
❺ _____
❻ _____
❼ _____
❽ _____
❾ _____
❿ _____
⓫ _____
⓬ _____
⓭ _____
⓮ _____
⓯ _____
⓰ _____
⓱ _____
⓲ _____
⓳ _____
⓴ _____

## 国際社会と主権国家

1. 国家を構成する３つの要素は❶_____，❷_____，❸_____である。

2. 現在の国家や国際社会の成立は，神聖ローマ帝国で起きた三十年戦争終結のため1648年に締結された❹_____条約がきっかけになった。

3. 主権国家は領域として❺_____，❻_____，❼_____の権利を所有する。

4. 沿岸200海里は，❽_____として漁業や鉱物資源などの権利を所有する。

5. 第二次世界大戦後は植民地などから国家として独立を果たそうとする❾_____が高まり，多くの国家が生まれた。

6. 〈国境なき医師団〉などの❿_____（非政府組織）は，国家の枠を超えて環境保護や人道支援を行う民間組織である。

## 国際法と領土問題

7. 国家間の合意は⓫_____や⓬_____の形で取り交わされる。

8. 『戦争と平和の法』を著したオランダの法学者⓭_____は，戦争にも守るべき法があると主張した。

9. 19世紀から20世紀初頭の国際法は，先進国が相手国を統治する植民地支配や⓮_____条約を正当化するものだった。

10. 海洋の秩序を扱った国際法として，⓯_____がある。

11. 現在日本はロシアと⓰_____問題で交渉中である。

12. 韓国は⓱_____，中国は⓲_____をそれぞれ自国の領土だと主張しているが，いずれも日本固有の領土である。

13. 領土問題における国際紛争は⓳_____裁判所に持ち込まれる場合がある。

14. 2002年と2004年，小泉純一郎首相（当時）は北朝鮮による⓴_____問題について，日朝首脳会談を行った。

## 図の中の空欄を埋めよう

北方領土，４島の名前を書こう

❶ _____
❷ _____
❸ _____
❹ _____

オホーツク海
❶
❷
❸
❹
北海道
札幌
北太平洋

**領土問題について適切でないものを１つ選ぼう**

A 1951年のサンフランシスコ平和条約で日本は南樺太と千島列島の領有を放棄した
B 尖閣諸島は国際法上も日本固有の領土として認められている
C 韓国は竹島を自国の領土として主張し国際司法裁判所に提訴している
D 日本とロシアの間では現在も平和条約は締結されていない

（　　　　）

# 国家なき民族，クルド人は独立国家を目指すべきか？

**演習問題**

**Q 1. 下は「国家なき民族，クルド人は独立国家を目指すべきか？」の授業を受けた生徒の意見の一部である。それぞれの意見を，下の表の適切な場所に置いてみよう**

A 他民族，他国家からの干渉を受けない主権をもてる

B 国境線を引き直すため隣国と紛争が起こる可能性がある

C 少数民族としての文化や伝統に誇りをもつことができる

D すでに国際社会で認められた国家の保護を受けられる

E 国際社会の中で認められるために経済力，軍事力など国力が求められる

F 多数派民族から排除，差別される可能性がある

| | 独立国家を目指す | 複数民族国家の中で共存を目指す |
|---|---|---|
| 利点 | | |
| 難点 | | |

**演習問題**

**Q 2. 民族についての説明として誤っているものを1つ選ぼう**

A 日本は複数民族国家ではない

B 民族の居住地と国家の領域が完全に一致する国は少ない

C 少数民族は国家の中に置かれた自治区で生活する場合がある

D 難民とは少数民族に対する迫害をおそれ国から逃れた人々を含む

（　　　　）

**演習問題**

**Q 3. 独立国家を求めている民族・自治区と，当事国の組み合わせとして誤っているものを1つ選ぼう**

A ウイグル族－中国　　　　　C パレスチナ自治区－イスラエル

B ロヒンギャ族－ミャンマー　　D コソボ－ロシア

（　　　　）

*think about it!* **民族と国民について考えてみよう**

**Q** 「国民」は国家と密接に結びついているため，国籍の有無により容易に定義できる。では「民族」とはどのような人間の分類だろうか。日本人を例に考えてみよう

memo

# 紛争解決のために国際法は有効なのか？

**Q** **1. 下の文章は新型コロナウイルス感染症と国際協調について生徒で話し合ったものである。会話を読み，設問に答えよう**

生徒A：今日の授業で国際法を「頼れる法」にするためにどのような方法があるか，という課題が出たね。

生徒B：僕は新型コロナウイルス感染症のパンデミックが良い例だと思った。

生徒A：どういうこと？

生徒B：パンデミックが起こったとき，各国は一斉に国境を封鎖してバラバラに感染防止対策をとったけれど，国連やWHOが主導して情報を公開したり，医療資源を ア すれば違う結果になったと思う。

生徒A：現代は イ で世界中が開かれてつながっているから，もっと国際協調が進むと思われたけれど，大国のエゴが強く出て責任のなすりつけ合いになったそうだよ。

生徒B：WHOが公正中立な立場だったかどうかも疑問がある。結局，拠出金が多い国の影響力を受けたんじゃないかな。

生徒A：どうしたら良いと思う？

生徒B：やはりパンデミックが起こったときのルールを定めておくと良いと思う。つまり国際法。

生徒A：世界政府がない限り強制力を持たないから国際法は「頼りない」と，授業で先生が言っていたよ。

生徒B：でも自国の都合だけで医療情報やワクチンを独占しても，世界での感染が収まらないと意味がないよね。合理的に考えればルールに基づいて ウ をするべきだという結論にならないかな。

生徒A：確かに人口の多い発展途上国のワクチン接種を進めるべきだよね。国際法を順守した方が結果として自国の利益になるように説得していくと良いと思う。

(1) **ア，イ，ウの空欄に入る組み合わせとして正しいものはどれか**

A ア－独占　　イ－グローバル化　　ウ－国際協調

B ア－分配　　イ－多様性　　　　ウ－国際貿易

C ア－分配　　イ－グローバル化　　ウ－国際協調

D ア－独占　　イ－多様性　　　　ウ－国際貿易　　　　　　　　　　　（　　　　）

(2) **波線の国際法と国内法との違いの説明として，誤っているものを1つ選ぼう**

A 国内法はすべての国民に適用されるが，国際法は同意した国家に対してしか効力をもたない

B 国内では国家権力が武力を独占しているため秩序を維持できるが，国際社会では武力は各国が保有している

C 国内法では国家が強制力を持って法執行できるが，国際法は必ずしも強制力をもたない

D 国内では紛争は司法に持ち込まれるが，国際紛争では裁判をする場がない　　（　　　　）

**Q** **2. 国際問題を解決する国連の機関と役割についての説明として，適切でないものを1つ選ぼう**

A 国際刑事裁判所は戦争犯罪や大量虐殺を行った国家を裁く

B 国際連合憲章は自衛権行使の場合を除き，加盟国の武力行使を禁じている

C 国際司法裁判所は当事国の同意がないと審理できない

D 国際刑事裁判所にアメリカ，ロシア，中国は加盟していない　　　　　　（　　　　）

# 安全保障と防衛

## 憲法と平和主義

1. 日本国憲法❶＿＿＿条では「戦争の放棄」「戦力の不保持」が規定されている。

2. ただし，自国を守るために武力を行使する❷＿＿＿＿＿＿＿＿は認められている。そのため，❸＿＿＿＿＿＿は戦力にあたらないとされている。

3. 内閣総理大臣が自衛隊の最高指揮権をもつ❹＿＿＿＿＿＿＿＿＿（文民統制）が採用されている。

4. 同盟国が攻撃され日本にも影響がある場合，自衛のために同盟国とともに武力行使できるという考え方を❺＿＿＿＿＿＿＿＿＿という。

5. 2015年に制定された❻＿＿＿＿＿＿＿＿＿（平和安全法制）では，❺の限定的行使が容認された。

## 日米安保と自衛隊

6. 日本とアメリカの共同防衛を定めた❼＿＿＿＿＿＿＿＿は，1951年に締結されて1960年に改定された。

7. 米軍の駐留費用を日本が一部負担する❽＿＿＿＿＿＿＿予算や，犯罪を犯した米兵の特別措置を定めた❾＿＿＿＿＿＿＿などが問題点として指摘されている。

8. 1991年の❿＿＿＿戦争では自衛隊の海外派遣が議論になり，1992年に⓫＿＿＿＿（国連平和維持活動）協力法が制定された。

9. 日本は2001年に⓬＿＿＿＿＿法，2003年に⓭＿＿＿＿＿＿＿＿＿法を時限立法として制定し，自衛隊を海外派遣した。

10. 2003年，日本は自国が攻撃を受けた場合の手続きを定めた⓮＿＿＿＿＿法を定め，2004年には国民の避難，救助を規定した⓯＿＿＿＿＿＿法を制定した。

11. ⓮や⓯のように日本が攻撃を受けた際の対処法を記した法律を⓰＿＿＿＿＿という。

12. 有事の際に内閣が速やかに対処できるよう⓱＿＿＿＿＿＿＿＿＿が設置された。

❶＿＿＿＿＿＿＿＿＿＿
❷＿＿＿＿＿＿＿＿＿＿
❸＿＿＿＿＿＿＿＿＿＿
❹＿＿＿＿＿＿＿＿＿＿
❺＿＿＿＿＿＿＿＿＿＿
❻＿＿＿＿＿＿＿＿＿＿
❼＿＿＿＿＿＿＿＿＿＿
❽＿＿＿＿＿＿＿＿＿＿
❾＿＿＿＿＿＿＿＿＿＿
❿＿＿＿＿＿＿＿＿＿＿
⓫＿＿＿＿＿＿＿＿＿＿
⓬＿＿＿＿＿＿＿＿＿＿
⓭＿＿＿＿＿＿＿＿＿＿
⓮＿＿＿＿＿＿＿＿＿＿
⓯＿＿＿＿＿＿＿＿＿＿
⓰＿＿＿＿＿＿＿＿＿＿
⓱＿＿＿＿＿＿＿＿＿＿

第2章 安全保障

## 年表の中の空欄を埋めよう

| 1954年 | 自衛隊，❶＿＿＿＿庁発足 |
|---|---|
| 1960年 | 日米安全保障条約改定 |
| 1971年 | ❷＿＿＿＿三原則を国会決議 |
| 2014年 | ❸＿＿＿＿内閣で集団的自衛権の行使は合憲と閣議決定 |

❶＿＿＿＿＿＿＿＿＿＿
❷＿＿＿＿＿＿＿＿＿＿
❸＿＿＿＿＿＿＿＿＿＿

## 演習問題

### 憲法９条をめぐる裁判として適当でないものを１つ選ぼう

A 砂川事件では，東京地裁は統治行為論に基づき駐留米軍は戦力であり違憲と判断した

B 自衛隊基地内の電話線を切断した恵庭事件では，被告人は無罪となったが自衛隊の合憲性の判断は回避された

C 基地用地をめぐる百里基地訴訟では，自衛隊の合憲性の判断は回避された

D 長沼ナイキ訴訟では一審で自衛隊は違憲とされたが，二審では判断を回避され，最高裁でも上告棄却された

（　　　　）

# 21世紀の世界情勢

❶ _____

❷ _____

❸ _____

❹ _____

❺ _____

❻ _____

❼ _____

❽ _____

❾ _____

❿ _____

⓫ _____

⓬ _____

⓭ _____

⓮ _____

⓯ _____

⓰ _____

⓱ _____

⓲ _____

⓳ _____

memo

- - - - - - - - - - - - - - -

- - - - - - - - - - - - - - -

- - - - - - - - - - - - - - -

- - - - - - - - - - - - - - -

## テロとの戦い

1. 2001年にアメリカで❶_____が発生し，アメリカは対テロ戦争としてアフガニスタンへの攻撃を行った。

2. 2003年，大量破壊兵器を保有している疑いがあるとして，アメリカはイギリスらとともに❷_____戦争を開始した。

3. 過激思想の影響を受けた人物によって，2005年にイギリスで❸_____同時多発テロ，2015年にフランスで❹_____同時多発テロが起こった。

4. テロ思想の背景には，自民族文化の優位性を誇示する❺_____があると考えられている。

5. 2011年にチュニジア，シリアなどで起こった民主化運動は❻_____と呼ばれる。

6. ❼_____（イスラーム国）は，イスラーム教原理主義を掲げるイスラーム教スンナ派の過激派組織である。

## 難民問題

7. 難民とは❽_____，宗教，国籍などを理由に迫害されるおそれがあり，国を逃れた人々のことである。

8. アフリカや中東からの難民の受け入れをめぐって，❾_____各国で対立が起こっている。

9. 加盟国に難民を保護する義務を定めた❿_____条約に日本も加盟している。

10. 国連機関の⓫_____（UNHCR）は難民救済活動を行っている。

## 軍縮への取り組み

11. 日本は「核兵器を⓬_____・_____・_____」の非核三原則を表明している。

12. 国際的な科学者会議である⓭_____会議では，核実験の人体への影響を早くから警告し，1960年代に部分的核実験禁止条約や⓮_____が結ばれた。

13. ⓯_____が終わり，核保有国が増加したため，1996年に多国間で⓰_____が締結された。

14. 日本人の天野之弥氏は2009年から2019年までの10年間，⓱_____（IAEA）の事務局長を務めた。

15. 日本の安全保障は，核保有国である⓲_____の核の傘による恩恵を受けている。

16. 2017年には国連で核兵器の全面禁止と根絶を目指す⓳_____が締結されたが，日本は批准していない。

演習問題

### 次の国を核保有国（a）と非保有国（b）に分類しよう

A インド……（　　　　）　　　D パキスタン………（　　　　）

B ドイツ……（　　　　）　　　E 北朝鮮……………（　　　　）

C 韓国………（　　　　）

# 憲法9条と日本の防衛をどう両立させるか？

教科書
p.098-099

**演習問題**

**Q 1. 下は憲法9条の条文である。空欄に入る埋める組み合わせとして正しいものはどれか**

**9条第1項**

日本国民は，正義と秩序を基調とする ア を誠実に希求し，国権の発動たる イ と， ウ による威嚇又は ウ の行使は，国際紛争を解決する手段としては，永久にこれを放棄する。

**第2項**

前項の目的を達するため，陸海空軍その他の戦力は，これを保持しない。国の エ は，これを認めない。

A　ア－国際平和　　　イ－戦争　　　ウ－武力　　　エ－交戦権

B　ア－国際平和　　　イ－暴力　　　ウ－軍事力　　エ－自衛権

C　ア－恒久平和　　　イ－暴力　　　ウ－軍事力　　エ－自衛権

D　ア－恒久平和　　　イ－戦争　　　ウ－武力　　　エ－交戦権　　　　　（　　　　）

**演習問題**

**Q 2. 日米安全保障条約についての説明として適切なものを1つ選ぼう**

A　日本が攻撃された場合アメリカは日本を守り，アメリカが攻撃された場合日本はアメリカを守る義務がある

B　尖閣諸島は日米安保条約の適用対象外と考えられている

C　日本国内にあるアメリカ軍基地はすべて沖縄県にある

D　条約の有効期限は10年で，終了の意思がない限り自動更新される　　　　　　（　　　　）

**演習問題**

**Q 3. 下の表は「囚人のジレンマ」という思考実験を応用し，2国間の軍縮交渉を表している。表の説明として誤っているものを1つ選ぼう**

| | | X国 | | | |
|---|---|---|---|---|---|
| | | 軍拡 | | 軍縮 | |
| Y国 | 軍拡 | 危険 | 危険 安全強力 | 安全強力 | 危険弱体 |
| | 軍縮 | 危険弱体 | 安全強力 | 安全 | 安全 |

A　X国，Y国ともに軍縮を選択すれば安全が得られるが，相手が軍拡を選択した場合，自国が危険にさらされる可能性がある

B　X国はY国が軍拡を選択する可能性がある限り，自国の安全を確保するために軍縮を選択せざるを得ない

C　客観的にみれば，ともに軍拡を選択した場合がもっとも危険だが，両国の間に信頼関係がないとこの選択に陥る可能性が高い　　　　　　　（　　　　）

## *think about it!* 日本の安全保障について考えてみよう

**Q** 上の表のX国を日本，Y国を東アジアの近隣国と仮定した場合，囚人のジレンマから抜け出るために，日本が選択すべき安全保障政策はどのようなものだろうか。「共通の安全保障」，「信頼醸成措置」という考え方を用いて説明してみよう

_____

_____

_____

# 「平和」と「安全保障」はどう違うのだろう？

**演習問題**

**Q** 1. 下の表は平和と安全保障についてのカテゴリーを分けた表である。設問に応えよう

| 平和 peace | 安全保障 security | |
|---|---|---|
| | 軍事的安全保障 | 人間の安全保障 |
| | | |

(1) 下の平和と安全保障についての説明を表内の適切な場所に置こう

A 軍事力により国防が保たれている状態

B 戦争の原因となる貧困や差別，抑圧などがない状態

C 自然災害，貧困，性暴力，環境破壊など人間にとっての脅威がない状態

(2) 「安全保障security」の概念の変遷についての説明として誤っているものを1つ選ぼう

A もともとは社会保障social securityのような意味で使われていた

B 第二次世界大戦後の特に冷戦期に軍事的な意味合いを強めてきた

C 安全保障研究は脅威を見極め，備えるという観点から考える

D 人間の安全保障human securityとは主として戦争の脅威から人間を守るための考え方である

( )

**演習問題**

**Q** 2. 平和研究でガルトゥングが提唱した「積極的平和」の説明として正しいものを1つ選ぼう

A 核兵器を持ちながらもあえて使用しない状態

B 最低限の武力を備えることで安心して過ごせる状態

C 経済的に豊かな国がリーダーシップをとった状態

D 戦争の原因となる貧困や差別，抑圧のない状態

( )

**演習問題**

**Q** 3.「人間の安全保障」という考え方はインドの経済学者センの影響を受けている。センは世界の貧困問題を解決するには人間の潜在能力（ケイパビリティ）を高める必要があると説いた。この考え方の説明として正しいものを1つ選ぼう

A 貧困問題の解消には，衛生環境改善や教育の促進など社会的資本を充実させ，人間が能力を発揮できる環境を整えることが重要である

B 能力は育った経済状況に大きな影響を受ける。したがって富の再分配が緊急課題である

C 途上国の貧困問題は西欧の文化や政治制度を押し付けてきた結果であり，途上国の主体性を尊重することで潜在能力を発揮させるべきである

D 人間は潜在的に正しい行いを求める存在であり，貧困が原因で悪事を犯した人間も更生可能である

( )

*think about it!* **日本における「人間の安全保障」について考えてみよう**

**Q** 日本は軍事的な意味では平和を保っているが，「人間の安全保障」という観点に立ったとき，どのような脅威があるだろうか。考えてみよう

_____

_____

_____

# 国際社会と日本

教科書
p.102-103

## 戦後の日本外交

1. 日本は第二次世界大戦敗戦後，連合国の占領下にあったが，1951年に❶＿＿＿＿＿＿＿＿＿＿＿＿＿＿＿＿に調印して独立を回復した。

2. 1956年には❷＿＿＿＿＿＿＿＿＿＿＿でソ連との国交を回復し，❸＿＿＿＿＿＿＿に加盟した。

3. 日本は❶に基づいてフィリピンやベトナムに❹＿＿＿＿＿を行った。

4. 韓国とは1965年に❺＿＿＿＿＿＿＿＿＿を締結した。

5. 中国とは1972年に❻＿＿＿＿＿＿＿＿で国交正常化がなされ，1978年に❼＿＿＿＿＿＿＿＿＿＿＿＿を締結した。

## 日本の国際貢献

6. 日本は❽＿＿＿＿＿＿＿＿＿＿（ODA）で途上国の経済発展に貢献してきた。

7. 近年では，非政府組織（❾＿＿＿＿＿）への支援など，さまざまなかたちで開発援助・経済協力が行われている。

8. 核兵器廃絶のための活動をしている❾の連合体❿＿＿＿＿＿＿＿は，2017年にノーベル平和賞を受賞した。

9. 民間による非営利団体で比較的規模の小さな団体は⓫＿＿＿＿＿という。

10. 国連開発計画は1994年，人間の生存，尊厳を守り，社会づくりを促す「⓬＿＿＿＿＿＿＿＿＿」の考え方を打ち出した。

11. 2015年の国連サミットでは，2030年までに達成すべき持続可能な開発目標，⓭＿＿＿＿＿＿＿が採択された。

## 国連の仕組み

12. 第一次世界大戦後の1920年，平和維持のための国際機関である⓮＿＿＿＿＿＿＿＿が発足した。

13. 1945年には国際連合（国連）が発足し，集団安全保障の仕組みを強化するため，⓯＿＿＿＿＿＿＿＿＿＿が設置された。

14. ⓯は5ヵ国の常任理事国と⓰＿＿＿ヵ国の非常任理事国で構成される。

15. 常任理事国とはアメリカ，ロシア，フランス，イギリス，⓱＿＿＿＿＿である。

16. 国連は軍事制裁力をもつと定められているが，常任理事国による⓲＿＿＿＿＿の発動により，これまで一度も実行されていない。

17. 国連は人権を尊重し，1948年に⓳＿＿＿＿＿＿＿宣言，1966年に⓴＿＿＿＿＿＿＿＿＿＿，1979年に女性差別撤廃条約などを採択している。

❶＿＿＿＿＿＿＿＿＿
❷＿＿＿＿＿＿＿＿＿
❸＿＿＿＿＿＿＿＿＿
❹＿＿＿＿＿＿＿＿＿
❺＿＿＿＿＿＿＿＿＿
❻＿＿＿＿＿＿＿＿＿
❼＿＿＿＿＿＿＿＿＿
❽＿＿＿＿＿＿＿＿＿
❾＿＿＿＿＿＿＿＿＿
❿＿＿＿＿＿＿＿＿
⓫＿＿＿＿＿＿＿＿
⓬＿＿＿＿＿＿＿＿
⓭＿＿＿＿＿＿＿＿
⓮＿＿＿＿＿＿＿＿
⓯＿＿＿＿＿＿＿＿
⓰＿＿＿＿＿＿＿＿
⓱＿＿＿＿＿＿＿＿
⓲＿＿＿＿＿＿＿＿
⓳＿＿＿＿＿＿＿＿
⓴＿＿＿＿＿＿＿＿

memo
- - - - - - - - - - - - - - - -
- - - - - - - - - - - - - - - -
- - - - - - - - - - - - - - - -

第2章

国際社会と日本

**演習問題**

### 国連に関する説明として適切でないものを1つ選ぼう

A 安全保障理事会の決定は理事国の全会一致が条件である

B 国際司法裁判所は国連の司法機関であるが，司法権の独立性を維持している

C 安全保障理事会が機能しない場合，国連総会が軍事措置の勧告をすることができる

D 国連の平和維持活動（PKO）に日本は自衛隊を派遣している

（　　　）

# 憲法前文から考える国際社会の中の日本

## Q 1. 日本国憲法の前文の空欄を埋めよう

　日本国民は，正当に ⑦ された ⑦ における ⑦ を通じて行動し，われらとわれらの子孫のために，諸国民との協和による成果と，わが国全土にわたつて自由のもたらす恵沢を確保し， ① の行為によつて再び ② の惨禍が起ることのないやうにすることを決意し，ここに主権が ② に存することを宣言し，この憲法を確定する。そもそも国政は，国民の厳粛な ④ によるものであつて，その権威は国民に由来し，その権力は国民の代表者がこれを行使し，その ② は国民がこれを享受する。これは人類普遍の原理であり，この憲法は，かかる原理に基くものである。われらは，これに反する一切の憲法，法令及び詔勅を排除する。

　日本国民は，恒久の ② を念願し，人間相互の関係を支配する崇高な理想を深く自覚するのであつて，平和を愛する諸国民の公正と信義に信頼して，われらの安全と生存を保持しようと決意した。われらは，平和を維持し，専制と隷従，圧迫と偏狭を地上から永遠に除去しようと努めてゐる ⑩ において，名誉ある地位を占めたいと思ふ。われらは，全世界の国民が，ひとしく恐怖と欠乏から免かれ，平和のうちに生存する権利を有することを確認する。

　われらは，いづれの国家も，自国のことのみに専念して他国を無視してはならないのであつて，政治道徳の法則は， ⑪ なものであり，この法則に従ふことは，自国の ② を維持し，他国と対等関係に立たうとする各国の責務であると信ずる。

　日本国民は，国家の名誉にかけ，全力をあげてこの崇高な理想と目的を達成することを誓ふ。

⑦（　　　）　　⑦（　　　）　　⑦（　　　）　　①（　　　）　　⑦（　　　）　　⑦（　　　）
⑤（　　　）　　②（　　　）　　②（　　　）　　⑩（　　　）　　⑪（　　　）　　⑫（　　　）

A 主権　　B 福利　　C 戦争　　D 普遍的　　E 国会　　F 国民　　G 信託　　H 代表者
I 平和　　J 国際社会　　K 政府　　L 選挙

## Q 2. NGO（非政府組織）の説明として正しいものを1つ選ぼう

A 民間による非政府組織で国連の活動とは連携していない

B 2017年にノーベル平和賞を受賞した「国境なき医師団」などが有名である

C アフガニスタンに用水路を作ったことで知られる中村哲医師の活動は亡くなった後もNGOが引き継いでいる

D NGOは国家という枠を超えて活動できるので，経済的な利益も大きい　　　　　　　（　　　）

## Q 3. 哲学者，高橋眞司の提起した「平和責任」という概念がある。平和責任は「戦争責任に先立つ，より根源的な責任」と表現されるが，下記の事例を戦争責任（ア）と平和責任（イ）に分類してみよう

A 核兵器廃絶のために活動しているNGOに寄付をする……………………………………（　　　）

B かつて日本が植民地支配した国の戦争被害者に対し，哀悼の意を表する ………………（　　　）

C 紛争地域から逃れてきた人々を難民として保護する ………………………………………（　　　）

D 日本の技術や人材，経済的な支援で国際社会に貢献する …………………………………（　　　）

### *think about it!* 戦争責任について考えてみよう

Q 日本は1995年，戦後50年の節目に，村山富市首相（当時）が公式に戦争責任を認め謝罪した。その後も歴代総理は戦争責任について言及し，謝罪を行っている。2022年は戦後77年にあたり，存命の戦争経験者も少なくなっている。高校生のあなたは戦争責任を感じているか，また謝罪をいつまで行うべきだと思うか考えてみよう

# SDGsと私たちの生活はどう関係しているだろう？

教科書
p.106-107

**演習問題**

## Q 1. 下の図は，世界の富の格差を表したものである。表を読み解き，設問に答えよう

(1) 図の説明として<u>誤っている</u>ものを1つ選ぼう

A 世界の富の約76%を，所得上位1割の富裕層が独占している

B 所得下位50%は世界の富の2%しか持っていない

C 上位1割の富裕層は下位50%の約10倍の所得を得ている （　　　　）

(2) シャンパングラスのような富の偏在についての説明として<u>適当でない</u>ものを1つ選ぼう

A シャンパングラスの縁から富がしたたり落ちて，やがて貧困層にも行き渡るトリクルダウンという考え方がある

B 貧困層が富の分配を求めて大規模な抗議や反乱を起こす可能性があり，富裕層の安全のためにも格差是正は必要である

C 格差は現在の資本主義経済の結果であるため，是正するためには社会主義経済へと変えていくべきだという考え方がSDGsである

D 富の極端な偏在は将来世代に引き継がれ，戦争やテロの要因となる可能性がある （　　　　）

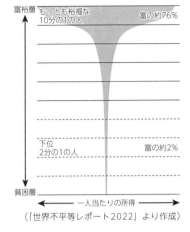

（「世界不平等レポート2022」より作成）

**演習問題**

## Q 2. SDGs（持続可能な開発目標）の説明として<u>誤っている</u>ものを1つ選ぼう

A SDGsは2030年までの達成を目指し，2015年の国連サミットで採択された

B 前身のMDGsは主に先進国の開発目標であったが，SDGsは発展途上国を含むすべての国や人々をターゲットとしている

C SDGsは17の目標と169のターゲットから構成されている

D SDGsは社会的弱者を重視し「誰一人取り残さない」という考え方をとっている （　　　　）

**演習問題**

## Q 3. 次の取り組みはSDGsの目標のどれに相当するか，教科書巻末のSDGsの図を参照して該当する番号を選ぼう

A 男性も育児や家事を積極的に行う （　　　）　　D 食べられる量を購入しフードロスを減らす（　　　）

B 災害に備えて避難経路を整備する （　　　）　　E ガソリン車から電気自動車に買い替える （　　　）

C スタートアップ企業を支援する政策を進める （　　　）

## *think about it!* SDGsについて考えてみよう

Q SDGsの17の目標から1つを選び，自分ができることを具体的に考えてみよう

_____

_____

_____

# 重要語句を確認しよう

## 国家主権と領土問題

[1] **1** 国家を構成する3つの要素とは，領域，主権と何か

[2] **2** 国家や国際社会の成立のきっかけになったといわれる条約は何か

[3] **3** 国の領域とは，領海，領空と，何か

[4] **4** 漁業や鉱物資源などの権利がある沿岸200海里の海域を何というか

[5] **5** 第二次世界大戦後，植民地地域で起こった民族統一や独立を求める思想は何か

[6] **6** 国家の枠を超えて環境保護や人道支援を行う民間組織を何というか

[7] **7** 国際社会の合意や取り決めは慣習国際法ともう一つは何があるか

[8] **8** 「国際法の父」といわれるオランダの法学者は誰か

[9] **9** 先進国による植民地支配など，対等でない国家間の取り決めを何というか

[10] **10** 海洋の安定的な秩序を定めた国際条約は何か

[11] **11** 現在日本がロシアと領有権について交渉中の領土を総称して何というか

[12] **12** 中国が領有権を主張している日本の領土はどこか

[13] **13** 竹島に警備隊を常駐させている国はどこか

[14] **14** 領土問題など国家間の紛争を提訴できる国連の司法機関はどこか

[15] **15** 重大犯罪に対して個人を訴追できる国連の司法機関はどこか

[16] **16** 2002年の日朝首脳会談で解決を目指した，北朝鮮との問題は何か

[17] **17** 日朝首脳会談当時の日本の総理大臣は誰か

[18] **18** 終戦50年を機に初めて日本の植民地支配の責任を認め謝罪した総理大臣は誰か

## 安全保障

[1] **1** 「戦争の放棄」「戦力の不保持」が記されているのは憲法の何条か

[2] **2** 自国を守るために武力を用いる権利を何というか

[3] **3** 文民が軍隊の最高指揮権を持つことを何というか

[4] **4** 米軍立川飛行場の拡張に反対し駐留米軍の合憲性を問うた事件は何か

[5] **5** 自衛隊のミサイル・ナイキ基地建設に反対して周辺住民が提訴した訴訟は何か

[6] **6** 自衛隊の合憲性を判断する際，司法判断保留の根拠とされる考え方は何か

[7] **7** 同盟国が攻撃され日本にも危機的な影響がある場合，同盟国とともに武力行使できるという考え方を何というか

[8] **8** 日本とアメリカが共同で日本と周辺地域を防衛することを定めた条約は何か

[9] **9** 米軍の日本駐留経費の一部を日本が負担することを通称何というか

[10] **10** 犯罪を犯した米軍人に対する特権的な法的地位を定めた協定は何か

[11] **11** 自衛隊の海外派遣が議論されるきっかけとなった1991年に起こった戦争は何か

[12] **12** 国連の平和維持活動への日本の参加を規定した法律は何か

[13] **13** 2015年に改正され自衛隊による他国軍の後方支援を日本周辺以外の地域でも行うことを可能にした法律は何か

[14] **14** 2001年にイスラム過激派組織がアメリカで起こした大規模テロを何というか

# 重要語句を確認しよう

**15** アメリカの対テロ戦争時に自衛隊を派遣するために期限付きで制定された法律は何か　　　⬜15 _____

**16** イラク戦争時に制定された，期限付きで自衛隊派遣を可能にする法律は何か　　　⬜16 _____

**17** 安全保障上の有事に対処するため，2013年に設置された会議は何か　　　⬜17 _____

**18** テロの背景にあると考えられる，自民族の優越性を誇示する思想を何というか　　　⬜18 _____

**19** テロ組織へ加担しているとして2003年にアメリカがイギリスらとともに始めた戦争は何か　　　⬜19 _____

**20** 2011年，チュニジア，エジプト，リビアなどで起こった民主化運動を何というか　　　⬜20 _____

**21** イスラム原理主義を掲げ中東地域で一時大きな勢力を誇った過激派組織を何というか　　　⬜21 _____

**22** 人種，宗教などを理由に迫害されるおそれがあり国から逃れた人々を何というか　　　⬜22 _____

**23** 加盟国に難民を保護する義務を定めた条約は何か　　　⬜23 _____

**24** 難民救済の活動を行う国連機関は何か　　　⬜24 _____

**25** アフリカで氏族間の抗争から長期にわたって無政府状態が続いている紛争は何か　　　⬜25 _____

**26** 「核兵器をもたず・つくらず・もちこませず」を表明した原則を何というか　　　⬜26 _____

**27** 世界で唯一，戦争被爆国である国はどこか　　　⬜27 _____

**28** 原子力の平和利用と軍事転用の禁止を目的に設置された国連機関は何か　　　⬜28 _____

**29** 2017年に国連で採択された核兵器の全面禁止と根絶を目指す条約は何か　　　⬜29 _____

## 国際社会と日本

**1** 第二次世界大戦後の1951年に締結した，日本が主権回復した条約は何か　　　⬜1 _____

**2** 1956年にソ連と国交を回復した宣言は何か　　　⬜2 _____

**3** 第一次世界大戦後の1920年に発足した国家連合組織は何か　　　⬜3 _____

**4** 集団安全保障を強化するために設置された国連の機関は何か　　　⬜4 _____

**5** 常任理事国はアメリカ，中国，イギリス，フランスとどこか　　　⬜5 _____

**6** 国連総会が軍事措置の勧告を行う決議を何というか　　　⬜6 _____

**7** 1965年に日本と韓国で締結された条約は何か　　　⬜7 _____

**8** 中国との国交正常化後，1978年に日中で締結した条約は何か　　　⬜8 _____

**9** 1992年，日本が初のPKOとして自衛隊を派遣した国はどこか　　　⬜9 _____

**10** 日本が1993年から国連と共同開催している国際会議は何か　　　⬜10 _____

**11** 先進国が発展途上国に対して開発資金や技術を援助することを何というか　　　⬜11 _____

**12** 募金や寄付などを資金に環境保護や人道支援に取り組む民間組織を何というか　　　⬜12 _____

**13** 民間よる非政府組織で比較的規模の小さなものを何というか　　　⬜13 _____

**14** アフガニスタンの医療活動や水資源の開発に奉仕した日本人医師は誰か　　　⬜14 _____

**15** 暴力や貧困などさまざまな脅威から人間一人ひとりを守る考え方を何というか　　　⬜15 _____

**16** 人間の潜在能力の向上を主張し国連の活動に影響を与えた経済学者は誰か　　　⬜16 _____

**17** SDGsは日本語で何と訳されているか　　　⬜17 _____

**18** 貿易についての交渉や取り決めを行う国連の機関は何か　　　⬜18 _____

## QUESTION

### 発展問題

**命か，経済か**

**下の文章は新型コロナウイルス感染症対策をめぐり授業で議論した内容である。設問に答えよう**

**教師**：コロナ対策には大きく分けて2つの考え方がありました。1つは国民の健康と安全を最優先に考え，人々の活動を制限し人流を抑制することで感染者数を徹底的に減らしていく戦略。2つ目は，ある程度，感染者が増えることは許容しながら経済活動を認めていく戦略。「命か，経済か」と言われましたが，みなさんはどう思いますか？

**生徒A**：やっぱり健康と安全が最優先だと思います。安心して働く環境がないと経済活動はできないし，命か経済かと言われたら命が大切だというのが普通の考え方ではないでしょうか。

**生徒B**：でもお金を稼げないと食べていくこともできないし，家に閉じこもっていることで孤独になり心を病んでいる人も多いって聞くよ。僕も学校が休校になったときはけっこう辛かった。

**生徒A**：そこは政府が対策を打って，困っている人を支援するほかないと思う。

**生徒B**：政府や自治体は経済対策として**ア**いろいろな支援金を給付したけど，国のお金は無限にあるわけじゃないし限界もあると思う。やはり人々が働かないと社会は維持できないよ。

**生徒A**：じゃあ，感染者数が増えて死亡者が増えても仕方ないってこと？

**生徒B**：仕事がなくて，家に閉じ込められて，絶望して自殺する人だっているよ。

**教師**：ほかに意見のある人はいますか？

**生徒C**：「命か，経済か」という問いの立て方が良くないと思いました。Aさんが言っていたように，この問いかけだと命を優先するという答えにならざるをえないけど，本当に2択なんでしょうか。**イ**どちらも両立させる道を考えるべきだと思います。

**教師**：なるほどその通りだけど，政府の方針としてどちらに重点を置くかという選択は必要かと思います。欧米では日本より感染者数も死亡者数も多いけれど，経済活動を再開させた国も多いよね。比較すると日本は命優先の政策をとってきたと言える。

**生徒A**：私は日本の方針は正しいと思う。

**生徒C**：結局感染者をゼロにすることは不可能だから，感染者数，死亡者数をどこまで許容するかについての考え方は人それぞれで，Aさんのように考える人が日本には多いということなのかな。

**Q** **1. 下線部アについて，困窮者を直接支援するもの（a）と，経済活動の維持促進を通じて間接的に困窮者を支援するもの（b）に分けよう**

**A** 持続化給付金　（　　　　　）　　　**C** Go To トラベル事業　（　　　　　）

**B** 特別定額給付金　（　　　　　）　　　**D** 子育て世帯への臨時特別給付金　（　　　　　）

**Q** **2. 下線部イのような思考法を何というか，適切なものを1つ選ぼう**

**A** 義務論　　　**B** 弁証法　　　**C** 功利主義　　　**D** リベラリズム　　　　　　（　　　　　）

**Q** **3. 生徒Aの考え方にあてはまらない政策を1つ選ぼう**

**A** 水道事業の民営化　　　**C** チケットの転売禁止

**B** 学校給食の無償化　　　**D** 国民年金給付額の引き上げ　　　　　　（　　　　　）

## 発展問題

### 給与明細を見てみよう

下の表は会社員Aさんの給与明細である。設問に答えよう

| 給与明細書 | | 2022年　4月分 |
|---|---|---|
| 社員番号 999 | | A 様 |
| | 教育商事㈱ | |

| 支給 | 基本給 | 役職手当 | 住宅手当 | 家族手当 | | | |
|---|---|---|---|---|---|---|---|
| | 300,000 | 20,000 | 20,000 | 10,000 | | | |
| | | | | | 残業手当 | 休日出勤 | 深夜残業 |
| | | | | | 37,500 | 21,600 | 0 |
| | | | 通勤非課税 | | 課税計 | 非課税計 | 総支給額 |
| | | | 12,000 | | 409,100 | 12,000 | 421,100 |

| 控除 | 健康保険 | 介護保険 | 厚生年金 | 雇用保険 | 社会保険計 | 課税対象額 | |
|---|---|---|---|---|---|---|---|
| | 17,820 | 0 | 32,940 | 1,086 | 51,846 | 298,154 | |
| | 源泉所得税 | 住民税 | | | | | |
| | 6,640 | 10,000 | | | | | 控除合計 |
| | | | | | | | 68,486 |

| 勤怠 | 出勤日数 | 有給休暇 | 欠勤日数 | 所定内出勤 | | | |
|---|---|---|---|---|---|---|---|
| | 20 | 0 | 0 | 160:00:00 | | | |
| | 残業時間 | 休出日数 | 休出時間 | 深夜残業 | 遅早回数 | 遅早時間 | |
| | 15:00 | 1 | 8:00 | 0 | 0 | 0:00 | |

| 備考 | | 税扶養人数 | | | | | 差引支給額 |
|---|---|---|---|---|---|---|---|
| | | 1 | | | | | 352,614 |

**Q** **1. 給与明細から読みとれることとして正しいものを1つ選ぼう**

A　会社員Aさんは40歳以下である
B　Aさんは独身の1人暮らしである
C　教育商事の残業手当はAさんの場合，時給2400円である
D　教育商事の休日出勤手当はAさんの場合，時給2750円である　　　　　　　（　　　　　）

**Q** **2. Aさんの納税についての説明として正しいものはどちらか選ぼう**

A　支給金額に対して源泉所得税が少ないのは，扶養家族控除などを受けているからである
B　支給金額に対して源泉所得税が多いのは，残業や休日出勤が多いからである　　　（　　　　　）

**Q** **3. 給与明細書の保険や年金についての説明として正しくないものを1つ選ぼう**

A　厚生年金は会社と折半なので，実際に国へ納めている額は2倍である
B　雇用保険は働けなくなったときに支給される保険であり，正規・非正規社員雇用を問わず，
　　すべての労働者が加入している
C　健康保険は医療保険であり，Aさんが病院で医療を受けた場合，自己負担は3割となる
D　社会保険とは公的な保険制度の総称である　　　　　　　　　　　　　　　（　　　　　）

# 職業選択

**❶**＿＿＿＿＿＿＿＿

**❷**＿＿＿＿＿＿＿＿

**❸**＿＿＿＿＿＿＿＿

**❹**＿＿＿＿＿＿＿＿

**❺**＿＿＿＿＿＿＿＿

**❻**＿＿＿＿＿＿＿＿

**❼**＿＿＿＿＿＿＿＿

**❽**＿＿＿＿＿＿＿＿

**❾**＿＿＿＿＿＿＿＿

**❿**＿＿＿＿＿＿＿＿

**⓫**＿＿＿＿＿＿＿＿

**⓬**＿＿＿＿＿＿＿＿

**⓭**＿＿＿＿＿＿＿＿

**⓮**＿＿＿＿＿＿＿＿

**⓯**＿＿＿＿＿＿＿＿

**⓰**＿＿＿＿＿＿＿＿

第
**2**
章

職
業
選
択

## 働くことの意味

1. 学生が企業で一定期間職業体験を行う仕組みを❶＿＿＿＿＿＿＿＿＿という。

2. ❶は職業体験を目的にしているため原則❷＿＿＿＿である。

3. 近年では仕事と生活の調和（❸＿＿＿＿＿＿＿＿＿）を意識した柔軟な働き方が望まれている。

## 産業構造の変化

4. 農業，林業，水産業など自然にはたらきかける産業を❹＿＿＿＿産業，それらを加工する製造業や建設業を❺＿＿＿＿産業，商業などその他産業全般を❻＿＿＿＿産業という。

5. 日本は1973年の第1次❼＿＿＿＿＿を契機に❽＿＿＿＿＿産業に移行していった。

6. ものづくり産業から金融や情報通信など形のないものへ産業が移行することを経済の❾＿＿＿＿化という。

7. 1990年代以降のインターネット関連産業への移行は，経済の❿＿＿＿化という。

8. 一般的に，経済発展に伴って情報産業などサービス業が増加する。これを⓫＿＿＿＿＿化という。

9. 経済成長は⓬＿＿＿＿＿により新たな技術や商品が市場に持ち込まれることで進む。

10. ⓭＿＿＿の技術は，車の自動運転や事務作業など多方面に活用されている。

11. ⓭の特長は自ら学習し進化する⓮＿＿＿＿＿＿＿という機能にある。

## 起業とベンチャー企業

12. 新しい産業は経済成長を促すと同時に⓯＿＿＿＿が創出される。

13. ベンチャー企業とは革新的な⓰＿＿＿＿やアイデアをもち，独自のサービスや商品を展開する企業である。

## 年表の中の空欄を埋めよう

**❶**＿＿＿＿＿＿＿＿

**❷**＿＿＿＿＿＿＿＿

**❸**＿＿＿＿＿＿＿＿

| 1956年 | 経済白書序文「もはや❶＿＿＿＿ではない」 |
|---|---|
| 1973年 | 第一次石油危機 |
| 1991年 | ❷＿＿＿＿経済の崩壊 |
| 2008年 | ❸＿＿＿＿＿＿＿＿による金融危機 |

演
習
問
題

### 1. 日本の経済成長の説明として適切でないものを1つ選ぼう

A 1990年代から日本の第三次産業就業者は減り，第二次産業就労者が増えている

B 1974年に日本は戦後初のマイナス経済成長に陥った

C 石油危機以降，日本の経済成長を支えたのは半導体などのハイテク産業である

D 1990年代後半にインターネットや携帯電話が普及しソフト産業が発展した （　　　）

### 2. ワーク・ライフ・バランスの説明として適切でないものを1つ選ぼう

A 仕事とプライベートにあてる時間を程よく保つ考え方である

B 仕事重視だけではなく多様な働き方を個人が選択できる社会を目指す考え方である

C 男性も育児や家事をこなし生活を育むことが望ましいという考え方である

D 仕事に生きがいをもち自分の能力を発揮する働き方のことである （　　　）

# AIの進化は仕事をどう変えるか？

教科書 p.114-115

**Q** 下の表は，AI（人工知能）と人間の仕事についてまとめたものである。表を見て設問に答えよう

| | AIに代替される仕事（a） | AIに代替されにくい仕事(b) |
|---|---|---|
| 特長 | ・数値の入力や管理などの事務作業<br>・大量のデータを分析する仕事<br>・正確に繰り返し行う定型作業 | ・複雑なコミュニケーションを必要とする仕事<br>・新たな価値や美しいものを作る仕事<br>・感情のやりとりが必要な仕事 |

**演習問題**

(1) 次の仕事はAIに代替されるか（a），されにくいか（b），分類してみよう

A 教師（　　　）　　B 美容師（　　　）　　C 接客従業員（　　　）

D 介護士（　　　）　　E 司法書士（　　　）　　F 経理（　　　）　　G トラック運転手（　　　）

H エンジニア（　　　）　　I 銀行員（　　　）　　J 看護師（　　　）

(2) AIについての説明で適当なものを2つ選ぼう

A AIが急激に進化した背景には大量のデジタルデータが保存されるようになったことが影響している

B AIはディープラーニング機能により新たな付加価値やアイデアを生み出すことができる

C AIは人間よりも正確な認識，分析能力をもつため，裁判の判決にも利用されている

D AIはすでに自動運転，マーケット分析，気象予測，流通システムなど幅広い分野で活用されている

（　　　）（　　　）

(3) AIと人間の仕事についての説明として<u>誤っている</u>ものを1つ選ぼう

A AIに仕事を奪われないように，人間にしかできない能力を今後は磨いていくべきだ

B AIは単純作業だけでなく，今後は医師や弁護士などの高度な専門職もこなす可能性がある

C AIの進化は人間の潜在能力や生産性を向上させる可能性を秘めている

D AIがすべての労働から人間を解放するシンギュラリティが近い将来起こるといわれている

（　　　）

## *think about it!* AIとの共存について考えてみよう

**Q** あなたが将来目指している職業を1つ選び，AIの進化がその仕事にどのように影響するか考えてみよう

✎ 職業（　　　　　）

_____

_____

_____

**Q** AIが進化することで未来の生活が豊かになる可能性を具体的に考えてみよう

✎ _____

_____

_____

_____

# 都会で働くか，地方で働くか？

**Q 1. 下の表は2021年9月に東京圏，名古屋圏，大阪圏へ転入・転出した日本人と外国人の統計表である。表から読み取れることとして誤っているものを1つ選ぼう**

| | 東京圏 | | | 名古屋圏 | | | 大阪圏 | | |
|---|---|---|---|---|---|---|---|---|---|
| | 転入者数 | 転出者数 | 転入超過数<br>（－は転出超過） | 転入者数 | 転出者数 | 転入超過数<br>（－は転出超過） | 転入者数 | 転出者数 | 転入超過数<br>（－は転出超過） |
| 移動者 | 26,475 | 26,242 | 233 | 8,117 | 8,600 | -483 | 12,435 | 13,660 | -1,225 |
| 日本人<br>移動者 | 23,839 | 23,740 | 99 | 6,666 | 7,242 | -576 | 11,060 | 12,496 | -1,436 |
| 外国人<br>移動者 | 2,636 | 2,502 | 134 | 1,451 | 1,358 | 93 | 1,375 | 1,164 | 211 |

出典／（総務省統計局・住民基本台帳人口移動報告2021年）
※二大都市圏＝東京圏（東京都，神奈川県，埼玉県，千葉県），名古屋圏（愛知県，岐阜県，三重県），大阪圏（大阪府，兵庫県，京都府，奈良県）

A 転入者数が転出者を上回ったのは東京圏だけである

B 大阪圏はもっとも外国人が増えて，かつ日本人が減った

C 人の移動がもっとも少なかったのは名古屋圏である

D 日本人が増えたのは東京圏と名古屋圏である　　　　　　　　　　（　　　）

**Q 2. 都会と地方で働くことのメリットとデメリットを説明した文章を表の適切な場所に入れてみよう**

| | メリット | デメリット |
|---|---|---|
| 都会 | | |
| 地方 | | |

A 賃金が比較的高い

B 仕事が分業化されており，仕事の目的や意義を感じにくい

C 社会や人の役に立っているという意識をもちやすい

D 職種が少なく，仕事のスケールも小規模である

**Q 3. 地方での仕事について教科書p.117の記述内容と合わないものを1つ選ぼう**

A 情報通信環境が充実したことで地方にいてもウェブ上でさまざまな仕事ができるようになった

B インバウンド効果で地方の観光地や特産物の魅力が再発見され新たな産業として成長している

C 空き地を活用した大型ショッピングセンターやリゾート施設の開発で地方に人が集まっている

D 地方での仕事は地元の人の生活に密接に結びついておりモチベーションを感じる人が多い（　　　）

*think about it!* **就職について考えてみよう**

**Q** あなたは都会と地方のどちらで働きたいか。働く目的，就きたい職種などを具体的に示して，その理由を考えてみよう

# 雇用と労働

## 日本の労働環境の変化

1. 一度就職すると問題がない限り同じ会社で定年まで働く雇用制度を**❶**＿＿＿＿＿＿＿＿＿＿＿＿という。

2. 勤務年数に応じて賃金が上がる仕組みを**❷**＿＿＿＿＿＿＿＿型賃金という。

3. 日本では職種や業種ではなく，企業ごとに**❸**＿＿＿＿＿＿＿が組織されている。

4. 日本は1991年に**❹**＿＿＿＿＿が崩壊し，リストラや倒産が相次いだ。

5. 長期不況があった1991年から2011年ごろを指し「**❺**＿＿＿＿＿＿20年」という。

6. 労働者が成長の見込める企業に流れていくことを**❻**＿＿＿の＿＿＿＿＿という。

7. 従来の日本型経営に代わって，仕事の成果や能力で評価される欧米型の**❼**＿＿＿主義，**❽**＿＿＿主義を採用する企業が増えている。

8. 職務ごとに能力のある人を割り当てていく雇用形態を**❾**＿＿＿＿＿型という。

9. 新卒者を一括採用し，会社の一員として長期的に知識と経験を積ませる雇用形態を**❿**＿＿＿＿＿＿＿＿＿＿型という。

10. 労働者派遣法の改正で契約社員，派遣社員など**⓫**＿＿＿＿＿＿＿＿＿が増加し，貧困と格差が問題となった。

11. 2008年，アメリカの大手証券会社の経営破綻によって世界的な金融危機が起こった事象を**⓬**＿＿＿＿＿＿＿＿＿＿＿という。

12. 2019年の労働法改正では，**⓭**＿＿＿＿＿＿＿＿として，残業の上限規制や有給休暇消化の義務化などが盛り込まれた。

13. **⓮**＿＿＿＿＿＿＿＿＿＿＿＿とは，仕事内容が同じ場合，どのような雇用形態でも賃金に差をつけない待遇のことである。

14. 一定の年収や技能を持つ優秀人材を対象に，本人が希望すれば労働時間や賃金を規制の対象外とする制度を**⓯**＿＿＿＿＿＿＿＿＿＿＿＿＿＿制度という。

15. 2019年には**⓰**＿＿＿＿＿＿＿＿が改正され，外国人労働者が介護や建設現場で働けるようになった。

16. 外国人労働者には，留学生のアルバイトや**⓱**＿＿＿＿＿＿生も多く，中には労働基準法違反のケースもある。

## 女性と労働

17. 1985年，**⓲**＿＿＿＿＿＿＿＿＿条約が批准されるとともに，就業の機会に性差を設けない**⓳**＿＿＿＿＿＿＿＿＿＿＿法が制定された。

18. 1997年の**⓳**法改正では，**⓴**＿＿＿＿＿＿＿＿＿＿＿＿＿＿＿（積極的差別是正措置）が合法であることが盛り込まれた。

19. 2006年の**⓳**法改正では，妊娠や出産を理由にした不利益の禁止や**㉑**＿＿＿＿＿＿＿＿＿＿＿＿＿＿防止措置が盛り込まれた。

❶＿＿＿＿＿＿＿＿

❷＿＿＿＿＿＿＿＿

❸＿＿＿＿＿＿＿＿

❹＿＿＿＿＿＿＿＿

❺＿＿＿＿＿＿＿＿

❻＿＿＿＿＿＿＿＿

❼＿＿＿＿＿＿＿＿

❽＿＿＿＿＿＿＿＿

❾＿＿＿＿＿＿＿＿

❿＿＿＿＿＿＿＿

⓫＿＿＿＿＿＿＿＿

⓬＿＿＿＿＿＿＿＿

⓭＿＿＿＿＿＿＿＿

⓮＿＿＿＿＿＿＿＿

⓯＿＿＿＿＿＿＿＿

⓰＿＿＿＿＿＿＿＿

⓱＿＿＿＿＿＿＿＿

⓲＿＿＿＿＿＿＿＿

⓳＿＿＿＿＿＿＿＿

⓴＿＿＿＿＿＿＿＿

㉑＿＿＿＿＿＿＿＿

memo
- - - - - - - - - -
- - - - - - - - - -
- - - - - - - - - -
- - - - - - - - - -
- - - - - - - - - -

第2章 労働問題

## 演習問題

### 働き方改革の内容で誤っているものを1つ選ぼう

A 10日以上の有給休暇取得者は，最低でも1年で3日を有給消化しなければいけない

B 時間外労働の上限は原則月45時間，年間360時間以内とする

C 同じ会社で同じ仕事に従事する場合，正社員もパートも同じ給与とする

D 規制時間を超えて労働者を働かせた経営者は懲役刑に処される場合がある

（　　　　　）

# 労働者の権利

## 労働者の権利を守る法と制度

❶ _____

❷ _____

❸ _____

❹ _____

❺ _____

❻ _____

❼ _____

❽ _____

❾ _____

❿ _____

⓫ _____

⓬ _____

⓭ _____

⓮ _____

⓯ _____

⓰ _____

⓱ _____

⓲ _____

⓳ _____

⓴ _____

1. 雇用主と労働者は❶_____という商品の売買契約を行っているといえる。

2. 労働三権……❷_____権（労働組合を結成する権利）
   ……❸_____権（使用者と団体交渉する権利）
   ……❹_____権（ストライキなどの権利）

3. 長時間労働や不当な低賃金などがある場合，労働者は❺_____を結成して異議申し立てをすることができる。

4. 憲法27条では❻_____権が保障されている。

5. ❼_____は，職務の公益性の高さから労働基本権が制限されている。

6. 労働三法……❽_____法（労働時間や給料などの法律）
   ……❾_____法（労働組合に関する法律）
   ……❿_____法（労使紛争の予防，解決のための法律）

7. 企業に労働基準法を守らせるため，⓫_____は法令遵守を監督している。

8. 労使紛争を扱う機関には，労働委員会や⓬_____などがある。

9. 労働条件の基準を定めた法律として，労働基準法のほかに下記のものがある。
   ……最低⓭_____法
   ……労働⓮_____法
   ……⓯_____・_____休業法

10. 労働組合は使用者と労働条件などについて⓰_____を結ぶことができる。

11. 労働組合員であることを理由にその社員に不利益を与えることは，⓱_____として禁止されている。

12. 労働争議が深刻化した場合，労働委員会で⓲_____，⓳_____，⓴_____を行うことができる。

演習問題

**1. 労働組合についての説明として誤っているものを1つ選ぼう**

A 外国人労働者も労働組合に加入することができる

B 労働組合の組織率は1970年以降下がり続けている

C アルバイト職員は労働組合に加入できない

D 企業は組合員であることを理由に社員に不利益を与えてはいけない　　　　（　　　　）

**2. 公務員の労働基本権の説明として誤っているものを1つ選ぼう**

A 一部の公務員には団結権や団体交渉権は認められている

B すべての公務員はストライキを起こす団体行動権を禁じられている

C 公立高校の教員は地方公務員なので団体交渉権をもたない

D 警察官や自衛隊員，消防隊員らは公益性の高い職業なので労働組合には加入できない　　　　（　　　　）

# メンバーシップ型か，ジョブ型か？

教科書 p.122-123

**Q 1. 下の文章は日本で働く外国人A，B，C，Dが集まり，日本の働き方について話したものである。会話を読み，設問に答えよう**

**A**：日本人のサラリーマンはみんな同じような働き方をしていて，学校の延長のように感じます。

**B**：来日当初，職場では何より人間関係を重視するのが不思議でした。**ア成果よりも労働時間や勤続年数で賃金が決まりますね**。

**C**：出勤時間には細かいのに，退勤時間に甘いのはなぜでしょうか？ **イ働いている時間分の成果が出ているのならいいけれど……**。

**D**：労働時間といえば，男性は残業する人が多いですね。パートナーがいる人は，誰が夕飯の準備や子どもの送り迎えをしているのでしょうか？

**A**：女性が担っているケースが多いようです。最近では「イクメン」という言葉もありますね。育児に積極的な男性のことを指すそうです。

**D**：いずれにせよ，家事代行やベビーシッターを使わないなら大変そうです。

**C**：コロナ前までは仕事後の飲み会も多く，断るのが憂鬱でした。うちの会社は昨年から**ウ事業所以外で業務を行うことも認められた**ので，家族の時間が増えました。

**B**：日本でも「働き方改革」やコロナの影響で環境が変わりつつありますね。私は今後も日本で働いていくので，長期的な雇用を見据えた日本の会社は居心地よく感じています。

**(1) 下線ア，イ，ウの説明として正しい組み合わせはどれか**

**A** アーメンバーシップ型　　　イー残業手当　　　　　　ウーＩターン

**B** アージョブ型　　　　　　　イー労働生産性　　　　　ウーワーク・ライフ・バランス

**C** アー終身雇用制　　　　　　イーイノベーション　　　ウーテレワーク

**D** アー年功序列型賃金型　　　イー労働生産性　　　　　ウーテレワーク　　　（　　　　）

**(2) 波線は日本型経営を表しているが，その長所と短所の組み合わせとして適切でないものを1つ選ぼう**

**A** ┌長所　長く勤めるほど給料が上がっていくので，離職率が低い
　　└短所　仕事の内容と給料が比例しないので労働生産性が上がりにくい

**B** ┌長所　正社員として入社すれば定年退職するまで働けるので安定した生活が送れる
　　└短所　雇用の流動性が少なく，必要な業種に労働力が供給されない

**C** ┌長所　社員の一体感が強く企業の競争力が高い
　　└短所　会社への忠誠心が強いため，命令を拒否しづらく長時間労働などが発生しやすい

**D** ┌長所　経験やスキルに乏しい若者でも就職しやすく，若年層の失業率が比較的低い
　　└短所　同じ仕事をこなしても給料に差が出て同一労働同一賃金が実現しづらい　　　（　　　　）

**Q 2. ジョブ型雇用の説明として誤っているものを1つ選ぼう**

**A** 専門性を生かした仕事ができるので転職がしやすい

**B** スキルに応じた報酬が払われるので，仕事への意欲が高まる

**C** 人種，性別，年齢に関係なく仕事に対して平等に報酬が支払われる

**D** 会社の中で必要な研修などが受けられ能力を身につけることができる　　　（　　　　）

*think about it!* **働き方について考えてみよう**

**Q** あなたは将来メンバーシップ型，ジョブ型のどちらで働きたいか。いずれにもメリットとデメリットがあるが，デメリットをどのように克服すべきかを含めて考えてみよう

（　　　　　　　　）型 _____

_____

_____

# 財政の役割

❶ _____

❷ _____

❸ _____

❹ _____

❺ _____

❻ _____

❼ _____

❽ _____

❾ _____

❿ _____

⓫ _____

⓬ _____

⓭ _____

⓮ _____

⓯ _____

⓰ _____

⓱ _____

⓲ _____

⓳ _____

⓴ _____

## 財政の三つの役割

1. 財政とは政府が行う❶_____活動のことである。

2. 財政には，❷_____の安定，資源配分，❸_____の再分配の３つの役割がある。

3. 政府は税金を使い，道路や公園などの❹_____を供給している。

4. 政府は財政政策を行い，❺_____・❻_____の波を穏やかに調整している。

5. 景気の良い時は税収が増え，失業保険など政府の支出は減少する。不景気の時には逆の現象が起こり，景気が刺激される。これを❼_____（ビルト・イン・スタビライザー）という。

6. 景気の変動を意図的，積極的に政府が行うことを❽_____（フィスカル・ポリシー）という。

7. 政府の財政政策と日本銀行が行う金融政策を組み合わせることを❾_____という。

## 日本の財政

8. 国が行う財政を❿_____財政，地方自治体が行う財政を⓫_____財政という。

9. 政府の収入は⓬_____，支出は⓭_____と呼ばれる。

10. それらの会計計画（予算）のうち，所得税や消費税などの収入，社会保障など一般的な支出にあたる部分を⓮_____会計予算という。

11. 年金など特定の事業を管理する部分は⓯_____会計予算，特殊法人へあてられるものは⓰_____予算という。

12. ⓱_____はかつては郵便貯金，年金などを財源とし，「第二の予算」と呼ばれていた。

13. 予算は年度末に成立するが，成立後に緊急で調整が必要になった場合は⓲_____を組むことができる。

14. 2023年度の歳入のうち，もっとも大きな割合を占めるのは⓳_____である。

15. 2023年度の歳出のうち，もっとも大きな割合を占めるのは⓴_____費である。

**1. 景気と財政のはたらきについての説明として適切でないものを１つ選ぼう**

A 不況期には減税することで民間の消費を促す

B 好況期には増税することで，景気の過熱を抑制する

C 不況期は税収が減るため，公共投資なども減る

D 好況期は税収が増え，社会保障支出が減少する　　　　　　　　　（　　　）

**2. 歳入と歳出についての説明として正しいものを１つ選ぼう**

A 2023年度の歳出のなかでもっとも多いのは国債費である

B 2023年度の歳入の税収でもっとも多いのは所得税である

C 一般会計の歳出，歳入には年金事業なども含まれる

D 歳入が足りない場合，政府は国債などを発行して補う　　　　　　（　　　）

# 租税の仕組みと国債

教科書 p.130-131

## 租税の種類

1. 国や地方自治体の歳入源である租税には，所得税などの❶_____と，消費税などの❷_____がある。

2. 消費税は1989年に3％で導入され，徐々に引き上げられ現在は❸____％である。

3. 国に納める租税は❹_____，地方自治体に納める租税は❺_____という。

4. 租税は公平な仕組みが望ましいとされ，消費税や酒税はすべての納税者が同じ税額を負担する❻_____公平がとられている。

5. 所得税では所得が増えるほど税率が上がる❼_____が採用され，❽_____公平を図っている。

6. 会社員の場合，会社が給料から所得税を引いて国に納税する❾_____が一般的である。

7. 自営業者の場合，納税者が所得を❿_____する必要がある。

8. 消費税は税率においては公平だが，高所得者より低所得者の負担が高まる⓫_____がある。

9. ⓫緩和のため，2019年の消費税増税時には生活必需品に関しては税率8%を維持する⓬_____が導入された。

## 国債と財政危機

10. 国が必要な歳入を⓭_____でまかなえないときは，国債を発行して不足を補う。

11. 国債と地方自治体が発行する⓮_____をあわせて，⓯_____という。

12. 国債のうち，公共事業にあてられるものを⓰_____国債，一般的な支出にあてられるものを⓱_____国債（赤字国債）という。

13. ⓱はもともと第一次⓲_____が起こった際に発行され，その後も大量発行が続いている。

14. 国の経済活動水準を図る指標である⓳_____（国内総生産）は，国内の生産物の価格から原材料費などを引いた付加価値の額である。

15. 公債発行による収入を除き，税収などでまかなう財政収支のことを基礎的財政収支（⓴_____）という。

16. 現在の日本は，国債の返済に追われ適正な財政政策ができない「財政の㉑_____」状態にある。

❶ _____
❷ _____
❸ _____
❹ _____
❺ _____
❻ _____
❼ _____
❽ _____
❾ _____
❿ _____
⓫ _____
⓬ _____
⓭ _____
⓮ _____
⓯ _____
⓰ _____
⓱ _____
⓲ _____
⓳ _____
⓴ _____
㉑ _____

memo
- - - - - - - - - - - - - -
- - - - - - - - - - - - - -
- - - - - - - - - - - - - -
- - - - - - - - - - - - - -
- - - - - - - - - - - - - -

**演習問題**

**日本の財政状況に関する説明で誤っているものを2つ選ぼう** ※教科書p.131／04のグラフを参照

A 日本の国債発行額は主要先進国の中でもっとも多い

B バブル崩壊後の1991年以降から現在まで，日本の税収は減少が続いている

C 現在の日本の国債債務累計残高はGDPの2倍以上である

D 2020年度，日本は過去最高額の国債を発行した

(　　　　)(　　　　)

# 財政支出削減のため水道を民営化すべきか？

演習問題

**Q** 1. 下の図は民営化と公営化を縦軸に，採算と公益性を横軸に表したものである。設問に答えよう

```
                 民営化
                  a │ b
採算重視 ──────────┼──────── 公益性重視
                  c │ d
                 公営化
```

以下の説明はa〜dのどの領域に該当するか選ぼう

**A** 資本主義経済において民間企業は一般的に（　　　）に位置する

**B** 道路や水道などは生活を支えるライフラインであり（　　　）に位置する

**C** 事業者は公営だが，運営を民間が担うコンセッション方式は（　　　）である

**D** 社会的企業（ソーシャルビジネス）は民間企業だが（　　　）を目指している

演習問題

**Q** 2. 民営化のメリットとデメリットを整理しよう

(1) **民営化のメリットとして適切でないもの**を１つ選ぼう

**A** 利益が出た場合，国は法人税が得られる　　　**C** 公営事業の財政支出が削減される

**B** 企業間の競争が起こり，適性な価格になる　　　**D** 安定した雇用が維持される　　　（　　　）

(2) **水道事業を民営化した場合の利便性と公益性の説明として正しいもの**を２つ選ぼう

**A** 民営化によりサービスが向上するが，水道料金も上がる可能性が高い

**B** 水需要の多い地域で事業者間で競争が起こり，水道サービスの向上が期待できる

**C** 過疎地などでは事業者が利益を取りづらいため，高額な水道料金が設定される可能性がある

**D** 民営化した場合企業は採算を重視するので，莫大な費用のかかる老朽化した水道管の交換が進まない

（　　　）（　　　）

演習問題

**Q** 3. コンセッション方式の説明として正しいものを１つ選ぼう

**A** 民間企業が事業の所有者になるが，運営は公的機関が行うため，安定した事業運営ができる

**B** サービスの提供は民間企業が行うが，事業の所有者は公的機関となるため，サービスの向上と公益性の確保が可能となる

**C** 最終的な事業の責任者は公的機関が担うため，採算性を考慮しない質の高いサービスが提供される

（　　　）

*think about it!* **さまざまな民営化について考えてみよう**

**Q** 現在，全国各地の公立の図書館を民営化しようという試みがある。民営化された場合どのようなプラス効果とマイナス効果が生じるだろうか。考えてみよう

_____

_____

_____

# 格差是正のために課税すべきか？

教科書 p.134-135

演習問題

**Q 1. 下のグラフは所得税を年収別に表したものである。下記の説明で誤っているものを1つ選ぼう**

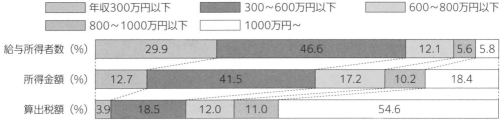

| | 年収300万円以下 | 300～600万円以下 | 600～800万円以下 |
| --- | --- | --- | --- |
| | 800～1000万円以下 | 1000万円～ | |

| | | | | | |
| --- | --- | --- | --- | --- | --- |
| 給与所得者数（%） | 29.9 | 46.6 | 12.1 | 5.6 | 5.8 |
| 所得金額（%） | 12.7 | 41.5 | 17.2 | 10.2 | 18.4 |
| 算出税額（%） | 3.9 | 18.5 | 12.0 | 11.0 | 54.6 |

所得税の所得再分配効果（国税庁・平成30年分民間給与実態統計調査より）

A 給与所得者人口の約3割を占める年収300万円以下の人の納税額は，全体の1割程度だ

B 所得金額に占める割合は年収300万円から600万円以下の人がもっとも多い

C 年収1000万円以上の人が，全体の半分以上の所得税を納税している

D 人口比率と納税額比率の差がもっとも少ないのは，年収600～800万円以下の人である　（　　　　　）

演習問題

**Q 2. ピケティの主張として適当でないものを1つ選ぼう**

A 株や不動産から得られる収益率が経済成長率よりも上回っており，格差が広がっている

B 格差是正のために富裕層の所得税を増税すべきである

C 富裕層は所得ではなく資産から利益を得ているので，資産に直接課税すべきである

D 富裕層の課税逃れを防ぐために国際協力が必要である　（　　　　　）

演習問題

**Q 3. 所得税と消費税の説明として適切なものを1つ選ぼう**

A 消費税は等しく同率で課税されるため，高所得者も低所得者も負担は平等である

B 所得税は高所得者ほど税率が高くなる累進課税であり，株式の配当や利子などにも課税される

C 消費税を増税すると買い控えが起こり景気が後退するおそれがある

D 現在の所得税の最高税率は45％であり，過去もっとも高い税率となっている　（　　　　　）

*think about it!* **税金について考えてみよう**

Q 格差是正のために富裕層への課税を強化すべきだろうか。年収300万円以下，年収1000万円以上，それぞれの立場から考えてみよう

**年収300万円以下の場合**

_____

_____

_____

**年収1000万円以上の場合**

_____

_____

# 少子化と社会保障

❶ _____

❷ _____

❸ _____

❹ _____

❺ _____

❻ _____

❼ _____

❽ _____

❾ _____

❿ _____

⓫ _____

⓬ _____

⓭ _____

⓮ _____

⓯ _____

⓰ _____

⓱ _____

⓲ _____

⓳ _____

⓴ _____

㉑ _____

㉒ _____

memo

- - - - - - - - - - - - - -

- - - - - - - - - - - - - -

- - - - - - - - - - - - - -

- - - - - - - - - - - - - -

- - - - - - - - - - - - - -

## 社会保障制度の四つの柱

1. 社会保障制度の始まりは，1601年イギリスの❶_____法である。

2. 19世紀にはドイツ帝国の宰相❷_____が，年金，医療，労災などの社会保険法を制定した。

3. アメリカでは1929年に起こった世界恐慌の対策として❸_____政策が導入され，連邦社会保障法が制定された。

4. 1942年にイギリスで提出された❹_____報告では，社会保障制度の目標として「❺_____から____まで」というスローガンが掲げられた。

5. 日本での社会保障制度は，憲法25条の❻_____権に基づき整備されてきた。

6. 日本の社会保障制度は，社会保険，❼_____，社会福祉，公衆衛生の4つの柱で成り立っている。

7. ❼は，生活困窮者に最低限の生活費を給付する❽_____である。

8. 社会保険には，年金保険，医療保険，雇用保険，労災保険のほか，2000年から実施された❾_____保険などがある。

## 少子高齢化による社会保障制度の課題

9. 社会保障制度の財源は税金だが，❿_____化が進む日本では納税者である現役世代の負担が大きく，世代間の不公平が問題になっている。

10. 日本の年金は，現役世代が同時期の退職世代を支える⓫_____方式を基本としている。

11. 現役時代に老後資金として自分で積み立てたお金を将来自分で受け取ることを⓬_____方式という。

12. そのときの平均寿命や物価に合わせて年金の給付水準を自動的に調整する仕組みを⓭_____という。

13. 公的年金には，国民全員が義務として加入する⓮_____（基礎年金），⓮に上乗せされ，会社員が加入する⓯_____がある。

14. 2001年から始まった加入者本人が資金運用する年金を⓰_____という。

15. 日本はすべての国民が医療保険に加入する⓱_____制度を採用している。

16. 6歳以上，70歳未満の人の医療費の自己負担割合は⓲____割である

17. 2008年からは医療費の一部自己負担を75歳以上の高齢者にも求める⓳_____が導入された。

18. 世帯所得が全人口の中央値の50%以下である状態を⓴_____という。

19. 政府が全国民に無条件で定額を支給する社会保障制度を㉑_____（最低限所得保障）という。

20. 生活困難者がこぼれ落ちないようにする救済政策を「安全の網」という意味で㉒_____という。

---

演習問題

### 社会保険の説明として誤っているもの１つを選ぼう

A 介護保険は40歳以上のすべての国民が加入している

B 雇用保険はアルバイトやパートタイマーでも条件を満たせば給付される

C 国民健康保険とはすべての国民が加入している健康保険である

D 国民年金とはすべての国民が義務として加入する基礎年金である

（　　　　）

# 小学校・中学校に給食は必要か？

**Q 1. 下の文章は「小学校・中学校に給食は必要か？」の授業を受けた生徒の会話である。設問に答えよう**

生徒A：お弁当って毎日作るのも大変だし給食の方が良いと思うな。

生徒B：給食が今より美味しくなれば賛成だけど…。もっとお金をかけて美味しくならないかな。

生徒A：その場合は給食費を値上げするか，税金で補填する必要があるよね。

生徒B：給食費の値上げは揉めそうだな。家庭によって経済的な事情もあるだろうし。税金を使う方がいいんじゃないかな。

生徒A：その場合も，子どもがいない納税者は不公平だと反対するかもしれないよ。

生徒B：社会人になればお弁当を持参するか，社員食堂で食べるか，街の食堂で食べるか自由に選べるよね。学校も同じようにできないのかな。

生徒A：学校給食と社員食堂は安易に比較できないと思うよ。たとえば ☐ X ☐ 。

生徒B：なるほど，それで給食を完全無償化している地域もあるんだね。

**☐ X ☐ に入る発言として適当でないものを１つ選ぼう**

A 学校給食はみんなで食べることを通じて偏食を治す教育的効果もある

B 学校給食にはセーフティネットとしての機能があり，子どもの貧困対策として重要である

C 学校で食事に差が出ると差別やいじめにつながるから全員が同じものを食べた方がよい

D 学校給食は子どもの健康を保つための栄養食という側面もある　　　　　　（　　　　）

**Q 2. 以下のア〜エはコロナ危機において行われた経済対策である。普遍主義に基づくもの（a）と、選別主義に基づくもの（b）の組み合わせとして正しいものを１つ選ぼう**

ア 全国民を対象に特別定額給付金として一律10万円を給付した

イ テレワークを促進させる企業に環境整備のための費用の一部を助成した

ウ 休業や時短要請に応じた飲食店に事業規模にかかわらず１日6万円を協力金として支給した

エ 前年度と比較して50％以上の売り上げが減った事業者に対して支援金を給付した

A アーa　　イーa　　ウーa　　エーa

B アーa　　イーb　　ウーa　　エーb

C アーa　　イーb　　ウーb　　エーb

D アーb　　イーb　　ウーa　　エーb　　　　　　　　　　　　　（　　　　）

## think about it! 給食制度について考えてみよう

**Q** あなたの住む地域の小学校，中学校の学校給食制度はどのようなものだろうか。年間の自己負担割合や，公的な補助金の投入額について調べてみよう

🖉 _____

_____

_____

_____

# 安定した「年金暮らし」は可能か？

**Q 1. 下の図は日本の年金制度を表したものである。下記の設問に答えよう**

(1) 図の中のAとBを埋めよう

A （　　　　　　　　　　　　）　　B （　　　　　　　　　　　　　　　）

(2) 図の中の確定拠出年金（個人型）の説明として適切でないものを1つ選ぼう

A 自分で運用するため年金が目減りするリスクがある
B 運用益は非課税になるなど税制面で優遇されている
C 給付を受ける年齢は自分で自由に設定できる
D 運用商品として預貯金，投資信託，保険商品，国債などがある　　　　（　　　　）

**Q 2. 以下のア～エは高負担・高福祉（a），低負担・低福祉（b）のどちらの説明か，組み合わせとして正しいものを1つ選ぼう**

ア 高い税金を払う代わりに経済的に安定した老後を送ることができる
イ 自己責任で資産を運用し老後のための資金を貯める必要がある
ウ 所得の再分配を重視する大きな政府が選択する政策である
エ 個人の自由と市場の競争原理を重視する小さな政府が選択する政策である

A a－ア，イ，ウ／b－エ　　　B a－ア，ウ／b－イ，エ
C a－イ，ウ／b－ア，エ　　　D a－イ，エ／b－ア，ウ　　　（　　　　）

**Q 3. 日本の年金制度の仕組みについて，適当でないものを1つ選ぼう**

A 全国民に給付される国民年金に加え，サラリーマンや公務員は厚生年金が上乗せされる
B 賦課方式による現在の年金制度では，少子高齢化の影響で現役世代の不満が出やすい
C 積立方式は，将来，受け取るときにインフレだった場合，運用益が増える
D 日本の年金制度は職業や収入によって給付額が大きく異なる　　　　（　　　　）

*think about it!* **「自助，共助，公助」について考えてみよう**

Q 少子高齢化がこのまま進むと2050年には65歳以上の高齢者1人を1.4人が支える年金制度になることが予想されている（教科書p.141のイラスト参照）。2050年の未来の自分を想像し，どのような年金制度が望ましいか考えてみよう

# 重要語句を確認しよう

## 職業選択

1 職業体験のため，学生が企業で一定期間無報酬で働くことを何というか 〔1〕 ----------

2 仕事と私生活の調和を何というか 〔2〕 ----------

3 農業，林業，水産業など，自然にはたらきかける産業を何というか 〔3〕 ----------

4 商業，金融，情報サービスなどの産業を何というか 〔4〕 ----------

5 自動学習機能を持つ人工知能を何というか 〔5〕 ----------

6 革新的なアイデアや技術で新しい事業を展開する企業を何というか 〔6〕 ----------

## 雇用と労働

1 正社員として入社し，同じ会社で定年まで勤務する雇用制度を何というか 〔1〕 ----------

2 まず人を雇い，社内で経験を積ませ，適正な部署へ割りあてていく雇用システムを何というか 〔2〕 ----------

3 特定の仕事に対して，適正な能力を持った人を雇い割りあてていく雇用システムを何というか 〔3〕 ----------

4 勤務年数に応じて給料が上がっていく仕組みを何というか 〔4〕 ----------

5 職種や業種ごとではなく，会社ごとに組織される労働組合を何というか 〔5〕 ----------

6 バブル崩壊後の長期不況があった1991年から2011年ごろを指す言葉は何か 〔6〕 ----------

7 仕事の成果を評価基準にする考え方を何というか 〔7〕 ----------

8 パート，契約社員，派遣社員など，正社員以外の雇用形態を何というか 〔8〕 ----------

9 2008年に起こったアメリカ大手証券会社の倒産による世界的な経済危機は何か 〔9〕 ----------

10 同じ労働に対して雇用形態や性別を問わず同じ賃金を支払うことを何というか 〔10〕 ----------

11 就労者1人あたり，就業1時間あたりの経済的成果の指標を何というか 〔11〕 ----------

12 男女雇用機会均等法改正で企業に防止措置が義務付けられた性的言動を何というか 〔12〕 ----------

13 時間外労働の規制，有休消化の義務化など，2019年に行われたさまざま労働法改正を通称何というか 〔13〕 ----------

14 外国人労働者増加のきっかけとなった2019年に改正された法律は何か 〔14〕 ----------

15 労働三権とは，団結権，団体交渉権と何か 〔15〕 ----------

16 雇用者への異議申し立てのために労働者が結成できる組織は何か 〔16〕 ----------

17 労働三法とは，労働基準法，労働組合法と何か 〔17〕 ----------

18 会社が労働基準法を順守するよう監督する機関は何か 〔18〕 ----------

19 労使紛争を解決する機関には，労働委員会のほかに何が設置されているか 〔19〕 ----------

20 職務の公益性の高さなどから労働基本権に制限がある職種は何か 〔20〕 ----------

## 財政と税

1 財政の3つの役割とは，資源配分，所得の再分配と何か 〔1〕 ----------

2 所得が増えるほど納める税率も上がっていく仕組みを何というか 〔2〕 ----------

3 所得の再分配により自動的に景気が調整される仕組みを何というか 〔3〕 ----------

4 景気を意図的に調整する政策を何というか 〔4〕 ----------

# 重要語句を確認しよう

5 _____

**5** 政府の財政政策と日本銀行が行う金融政策を連動させることを何というか

6 _____

**6** 日本政策金融公庫などの特殊法人などへあてられる予算を何というか

7 _____

**7** 政府が債券を発行し金融機関から資金調達して行う融資を何というか

8 _____

**8** 災害時など緊急的に支出が必要な時に組む予算を何というか

9 _____

**9** 所得税など直接納税者が納める租税を何というか

10 _____

**10** 消費税など納税する者と負担する者が異なる租税を何というか

11 _____

**11** 2019年の消費税増税時に導入された，生活必需品など特定品目の課税率を低く設定する仕組みを何というか

12 _____

**12** 地方自治体に納める租税を何というか

13 _____

**13** 職種や働き方に関わらず等しく課税することで公平を図る考え方を何というか

14 _____

**14** 所得税のように収入に応じて税率を上げ公平を図る考え方を何というか

15 _____

**15** 消費税は高所得者ほど税負担割合が低く，低所得者ほど負担割合は高くなる。この現象を何というか

16 _____

**16** 会社が給料から所得税を引いて国に納税する仕組みを何というか

17 _____

**17** 国債のうち，公共事業にあてられるものを何というか

18 _____

**18** 国の経済規模を図る指標として，国内の生産物の価格から原材料費などを引いた付加価値の額を何というか

19 _____

**19** 税収だけで歳出をまかなう財政収支を何というか

20 _____

**20** 公共事業（施設）の所有権はもち，運営権だけを民間委譲する仕組みを何というか

21 _____

**21** 0から1で表される国ごとの所得格差を表す指標を何というか

## 社会保障

1 _____

**1** 世界初の社会保障制度といわれる，1601年に制定されたイギリスの法律は何か

2 _____

**2** 労災や年金などの社会保険法を制定したドイツ帝国の宰相は誰か

3 _____

**3** 「ゆりかごから墓場まで」のフレーズで有名なイギリスの報告書は何か

4 _____

**4** 日本の社会保障の4つの柱は，社会保険，公的扶助，公衆衛生と何か

5 _____

**5** 生活困窮者へ生活費を給付する制度を何というか

6 _____

**6** 2000年から実施された高齢者や障がい者のための保険制度は何か

7 _____

**7** 給与に比例した保険料を企業と折半で支払う年金を何というか

8 _____

**8** 退職世代の年金を同時代の現役世代の保険料でまかなう年金方式を何というか

9 _____

**9** 平均寿命や物価に合わせて年金の給付水準を調整する仕組みを何というか

10 _____

**10** 加入者本人が資金運用する年金を何というか

11 _____

**11** 医療費の一部自己負担を75歳以上の高齢者にも求める制度を何というか

# 市場経済の役割と限界

教科書
p.144-145

## 需要と供給で変わる価格

1. 市場では，❶＿＿＿＿＿＿の原則に基づいて自由競争の下で自分の意思で取り引きを行う。

2. 需要と供給のバランスによって自然と価格が決まっていく仕組みを価格の❷＿＿＿＿＿＿という。

3. 需要量と供給量が一致するときの価格は❸＿＿＿＿＿＿と呼ばれる。

4. 経済学者アダム・スミスは，市場経済においては自己利益の追求により，社会全体の利益が実現していくという過程を❹＿＿＿＿＿＿と表現した。

## 市場の失敗

5. 少数の大企業が市場の大多数を占めている状況を❺＿＿＿＿といい，1つの企業が市場のほとんどを占めている状況を❻＿＿＿＿という。

6. 近年，❼＿＿＿＿＿＿と呼ばれる巨大IT企業4社による個人情報の独占を規制する動きがある。

7. 企業間の競争がない場合，価格は企業の任意で設定でき，下がりづらくなる。これを価格の❽＿＿＿＿＿＿という。

8. 複数企業が価格や生産量を示し合わせて市場を調整することを❾＿＿＿＿＿＿という。

9. 市場を支配するため，同業数社が合併することを❿＿＿＿＿＿という。

10. 戦前の財閥のように，他業種にわたる複数社を持ち株などで支配することを⓫＿＿＿＿＿＿という。

11. ⓬＿＿＿＿＿法は自由で公正な市場原理を保つための法律であり，「経済の⓭＿＿＿＿」といわれている。

12. ⓮＿＿＿＿＿＿＿は⓬法に基づき企業を監視している。

13. 数社で市場を独占している場合,優位に立つ企業が⓯＿＿＿＿＿＿（価格先導者）となり，他社はその価格を追従して価格競争を回避する。

14. その場合，企業間で製品の品質向上や広告など⓰＿＿＿＿競争が繰り広げられる。

15. ある経済活動が市場外で引き起こすプラスの効果を⓱＿＿＿＿＿＿，マイナスの効果を⓲＿＿＿＿＿＿という。

16. インターネット上で情報や商品のやりとりを行うための基盤となるシステムを⓳＿＿＿＿＿＿という。

17. 個人の信用や評価を数値化して市場のメカニズムを導入することを⓴＿＿＿＿経済という。

❶＿＿＿＿＿＿＿＿
❷＿＿＿＿＿＿＿＿
❸＿＿＿＿＿＿＿＿
❹＿＿＿＿＿＿＿＿
❺＿＿＿＿＿＿＿＿
❻＿＿＿＿＿＿＿＿
❼＿＿＿＿＿＿＿＿
❽＿＿＿＿＿＿＿＿
❾＿＿＿＿＿＿＿＿
❿＿＿＿＿＿＿＿
⓫＿＿＿＿＿＿＿
⓬＿＿＿＿＿＿＿
⓭＿＿＿＿＿＿＿
⓮＿＿＿＿＿＿＿
⓯＿＿＿＿＿＿＿
⓰＿＿＿＿＿＿＿
⓱＿＿＿＿＿＿＿
⓲＿＿＿＿＿＿＿
⓳＿＿＿＿＿＿＿
⓴＿＿＿＿＿＿＿

memo
- - - - - - - - - - - - -
- - - - - - - - - - - - -
- - - - - - - - - - - - -
- - - - - - - - - - - - -
- - - - - - - - - - - - -
- - - - - - - - - - - - -
- - - - - - - - - - - - -

第2章　市場経済

**演習問題**

### コロナ禍でのマスク価格の説明として適切でないものを1つ選ぼう

A マスクを必要とする人が急増したため，需要量が急増し価格が高騰した

B 中国がマスクの原材料である不織布の輸出を規制したため，供給量が減り価格が高騰した

C 医薬品メーカー以外の企業がマスク製造に参入した影響で供給量が増え，価格が安定した

D 一部でマスクの買い占めが起こったため需要量と供給量がともに減り，価格が高騰した　（　　　　　）

# コンサートチケットの不正転売は防げるか？

**Q** 1. 下のグラフは需要供給曲線である。設問に答えよう

価格 供給曲線
需要曲線
量

(1) 需要供給曲線についての説明として正しいものを1つ選ぼう

A 需要量が増えて供給量が変わらない場合，需要曲線は左に移動して均衡価格は下がる

B 供給量が2倍，需要量も2倍に増えた場合，均衡価格は上がる

C 供給量が増えて需要量が変わらない場合，供給曲線が右に移動して均衡価格は上がる

D 需要量が増え，供給量が減った場合，需要曲線は右に，供給曲線は左に移動し均衡価格は上がる

(　　　　)

(2) 自由競争市場における生産者（供給者）の行動として適切でないものを1つ選ぼう

A 付加価値の高い新商品を開発し，新しい市場を開拓する

B 需要量が高まる機会を予想して，生産量を増やす

C 生産量を減らして，価格の上昇を図る

D 生産量を増やすと値崩れするため，生産コストを下げて利益率を上げる

(　　　　)

**Q** 2. ダフ屋についての説明として適切でないものを1つ選ぼう

A ダフ屋はチケットの均衡価格をつり上げることができる

B ダフ屋は市場メカニズムにおいては供給者の立場にいる

C コンサートの追加公演が売り出されるとダフ屋の売るチケット価格は下がる

D ダフ屋は安く仕入れて高く売るという市場交換の原則に従い行動している

(　　　　)

**Q** 3. チケットを完全オークション方式で販売した場合に起こることとして適当でないものを1つ選ぼう

A 人気のチケットは価格が高騰し，お金持ちしかコンサートに行けなくなる

B 人気のないチケットは安く売られてしまうので，主催者の利益は減ってしまう

C ダフ屋の転売チケットを買う人がいなくなる

D 価格が変動するので，購入者はできるだけ安く買おうと機会を図る

(　　　　)

*think about it!* **市場価格について考えてみよう**

**Q** 骨董品はなぜ古いものほど高値で取り引きされるのだろうか。次のキーワードを使い説明してみよう
キーワード／希少価値，需要量，供給量

# あなたの街に「民泊」は必要か？

教科書 p.148-149

## Q 1. 下の文章は民泊についての生徒の会話である。文章を読み，設問に答えよう

生徒A：今度東北に旅行に行くんだけど，民泊を利用しようと思ってるんだ。

生徒B：民泊って，個人の家や部屋を貸してもらうんだよね。安全なの？

生徒A：アプリでのクチコミ評価も高いし，貸主のプロフィールも掲載されていたから，安心かな。

生徒C：うちは田舎に別荘があるけど，冬の間は空き家になっているから民泊で貸してみようかな。

生徒B：でも知らない人に家を貸すのってやっぱり不安じゃない？

生徒A：ア<u>アプリを見ていたら借りる側も貸主に評価される仕組み</u>になっていて，評価の低いユーザーの利用を断ることもできるらしいよ。

生徒C：なるほどね。マナーの悪い人は利用できなくなるかもね。

生徒A：民泊施設は住宅街にあることが多いから，近隣住民にイ<u>騒音などの迷惑</u>を与えないために有効な仕組みかもしれないね。貸す側も借りる側も気軽に利用できるだけに，双方に一定のマナーが求められるよね。

**(1) 下線アのようなシステムの名称と，その説明として適切なものを1つ選ぼう**

A 格付け制度といい，クチコミ評価が上がるほどプロフィール内容が充実していく仕組みである

B 外部経済といい，借主がマナーを守ると地域が活性化し，観光客が増える

C 評価経済といい，個人の評価や信用を物やお金のように市場メカニズムを通して判定する

D プラットフォーマーといい，サービスを提供したい側と受け取りたい側を結びつける役割を果たす

（　　　　）

**(2) 下線イのような経済活動による悪影響を外部不経済と呼ぶ。以下のなかで外部不経済に<u>あたらないもの</u>を1つ選ぼう**

A 工場からの排水で川の水が汚染された

B 大型ショッピングモールが近所にできて周辺道路が渋滞するようになった

C 高層ビルが建設されたせいで日当たりが悪くなった

D 大規模な洪水により周辺の地価が暴落した

（　　　　）

## Q 2. 民泊に関する法律で貸主にとって有利な内容のものを1つ選ぼう

A 民泊事業は行政による許可制ではなく，届出制となった

B 民泊として貸し出す場所はキッチン，洗面，浴室，トイレの4つの設備を備えていることが条件である

C 民泊での住居や部屋の貸し出しは，年間180日間を上限とする

D 周辺住民の苦情に対しては迅速に対応しなければならない

（　　　　）

### *think about it!* 外部経済，外部不経済について考えてみよう

Q 学校がもたらす外部経済・外部不経済にはどのようなことが考えられるだろうか。考えてみよう

# 金融のはたらき

## 金融システム

❶ ＿＿＿＿＿＿

❷ ＿＿＿＿＿＿

❸ ＿＿＿＿＿＿

❹ ＿＿＿＿＿＿

❺ ＿＿＿＿＿＿

❻ ＿＿＿＿＿＿

❼ ＿＿＿＿＿＿

❽ ＿＿＿＿＿＿

❾ ＿＿＿＿＿＿

❿ ＿＿＿＿＿＿

⓫ ＿＿＿＿＿＿

⓬ ＿＿＿＿＿＿

⓭ ＿＿＿＿＿＿

⓮ ＿＿＿＿＿＿

⓯ ＿＿＿＿＿＿

⓰ ＿＿＿＿＿＿

⓱ ＿＿＿＿＿＿

⓲ ＿＿＿＿＿＿

1. 社会の経済主体は企業，政府，❶＿＿＿＿＿の3者である。

2. 企業が株式などを発行して直接出資者から資金を集めることを❷＿＿＿＿＿という。

3. これに対し，銀行は集めた預金を個人や企業に貸し出すため，❸＿＿＿＿＿という。

4. ❹＿＿＿＿＿市場とは株式市場，債券市場の総称である。

5. 金融機関の間で短期の資金の運用や調達を行う場が❺＿＿＿＿＿市場である。

6. ❺では，融資の翌日に返済する❻＿＿＿＿＿翌日物が多い。

7. ❺での金利は❼＿＿＿＿＿と呼ばれ，この金利は日銀の金融政策目標である❽＿＿＿＿＿とされてきた。

8. 企業は市場から資金を調達するために法に基づく❾＿＿＿＿＿を公開することが義務づけられている。

9. ❾の1つとして資産や負債の状況を示す❿＿＿＿＿がある。

10. 金融機関は普通銀行のほかに証券会社，保険会社，⓫＿＿＿＿＿銀行などがある。

## 通貨と信用創造

11. 銀行に預けられた⓬＿＿＿＿＿通貨は，企業などに貸し出され，その一部はまた銀行に預けられる。

12. このような取り引きで最初の何倍もの通貨量が流通する仕組みを⓭＿＿＿＿＿といい，全体の通貨量は⓮＿＿＿＿＿と呼ばれる。

13. 金融機関は預金のうち一定割合を日銀に預ける義務がある。これを⓯＿＿＿＿＿制度という。

14. 近年では電子マネーやクレジットカードによる⓰＿＿＿＿＿決済が普及してきた。

15. デジタルデータ上だけで取り引きされる通貨を⓱＿＿＿＿＿(仮想通貨)と呼ぶ。

16. ⓲＿＿＿＿＿とはネット銀行や電子マネーのようにIT技術を用いた金融サービスのことを指す。

## 政府，企業，家計のお金の流れについて空欄を埋めよう

❶ ＿＿＿＿＿＿

❷ ＿＿＿＿＿＿

❸ ＿＿＿＿＿＿

❹ ＿＿＿＿＿＿

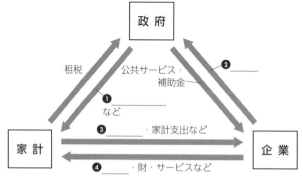

政府

租税　　　公共サービス・補助金

❷＿＿＿＿

❶＿＿＿＿など

❸＿＿＿＿・家計支出など

家計　　　企業

❹＿＿＿＿・財・サービスなど

## 金融市場の説明として適切でないものを1つ選ぼう

A 日本ではグローバル化の影響により間接金融の比率が高まっている

B 直接金融とは企業が株式や社債などを発行し資金を集めることである

C 銀行と銀行は無担保で資金を融通し合うことがある

D 生命保険や損害保険会社も金融機関の1つである

（　　　　）

# 日本銀行と金融政策

教科書 p.152-153

## 日銀の役割

1. 日銀の役割には，「銀行の銀行」「❶＿＿＿＿の銀行」，そして❷＿＿＿＿＿＿＿
の発行がある。

2. 発行する紙幣を保有する金の量と結び付ける制度を❸＿＿＿＿＿＿＿という。

3. 国の中央銀行が政策として通貨の流通量を調整する制度を❹＿＿＿＿＿＿＿
という。

## 金融政策

4. 通貨の供給量を増やして金利を下げる金融政策を金融❺＿＿＿＿といい，供給量
を減らし金利を上げる政策を金融❻＿＿＿＿＿＿という。

5. 日銀は不況時に国債や手形などを買って市場の通貨量を増やす。この操作を
❼＿＿＿＿＿＿という。その逆の❽＿＿＿＿＿＿では日銀は金融機関に国債を
売って市場から通貨を回収する金融政策である。

6. ❾＿＿＿＿＿＿＿＿は，日銀が民間の金融機関の預金準備金の割合を操作
して通貨量を調整する政策である。

7. 日銀が民間金融機関に貸し出す金利を操作する政策を❿＿＿＿＿＿＿＿
という。

8. 近年の金融政策の目的は，物価が下落し続ける⓫＿＿＿＿＿＿＿＿＿の収束
である。

9. 1999年に日銀は⓬＿＿＿＿＿＿政策を導入し，さらに2001年には通貨量を増
やすために⓭＿＿＿＿金融緩和を実施した。

10. 2008年にアメリカの大手投資銀行が破綻し⓮＿＿＿＿＿＿＿＿＿が起
こった。

11. 2013年より日銀はデフレ脱却のために投資信託などを買い入れる⓯＿＿＿・
＿＿＿＿金融緩和を行っている。

## 金融自由化と国際化

12. 戦後の日本では，政府が金融機関を規制により保護し，倒産を防ぐ⓰＿＿＿＿
＿＿＿＿＿と呼ばれる政策をとってきた。

13. 1990年代には国際競争力の低下に対処するため，それまで各銀行で横並びだっ
た⓱＿＿＿＿の自由化が進められた。

14. メガバンクは子会社の株を持ち，支配管理する⓲＿＿＿＿会社としてサービス
を提供している。

15. 1996年から始まった日本の金融システム改革を⓳＿＿＿＿＿＿＿＿という。

16. 金融機関が破綻した場合，元本1000万円までとその利息は補償する仕組みを
⓴＿＿＿＿＿＿という。

❶＿＿＿＿＿
❷＿＿＿＿＿
❸＿＿＿＿＿
❹＿＿＿＿＿
❺＿＿＿＿＿
❻＿＿＿＿＿
❼＿＿＿＿＿
❽＿＿＿＿＿
❾＿＿＿＿＿
❿＿＿＿＿＿
⓫＿＿＿＿＿
⓬＿＿＿＿＿
⓭＿＿＿＿＿
⓮＿＿＿＿＿
⓯＿＿＿＿＿
⓰＿＿＿＿＿
⓱＿＿＿＿＿
⓲＿＿＿＿＿
⓳＿＿＿＿＿
⓴＿＿＿＿＿

memo

- - - - - - - - - - - - - -
- - - - - - - - - - - - - -
- - - - - - - - - - - - - -
- - - - - - - - - - - - - -
- - - - - - - - - - - - - -
- - - - - - - - - - - - - -

---

**演習問題**

### 日銀が行うオペレーションの説明として誤っているものを1つ選ぼう

A 日銀は不況時には保有する国債を銀行に売り金利を下げようとする

B 日銀が買いオペを行うと銀行の資金が潤沢になるので貸し出すお金が増える

C 日銀は買いオペの量を増やし，デフレ脱却を目指している

D 日銀は市場からお金を減らし景気の過熱を防ぐために国債を売る

（　　　）

# 投資家にとっての「よい企業」とは？【前編】【後編】

Q **1. 下は企業への投資について表した図である。設問に答えよう**

投資家

```
    ア              イ              ウ
```

| 企業A | 事業の収益とは無関係に株価の値動きが激しい |
|---|---|

| 企業B | 独自の技術や新しいアイデアをもち，将来大きく成長する可能性はあるが，まだ実績はない |
|---|---|

| 企業C | 環境や社会にとって価値のある事業を展開していて持続可能性がある |
|---|---|

ア，イ，ウに入る語句の組み合わせとして正しいものはどれか

A　アーESG投資　イー投機　ウーベンチャー投資　　C　アー投機　イーベンチャー投資　ウーESG投資

B　アー投機　イーベンチャー投資　ウー投資信託　　D　アー投資信託　イー投機　ウーESG投資

（　　　）

Q **2. ア〜エの説明と語句の組み合わせとして正しいものはどれか**

ア　企業が株主や投資家に向けて配布する企業活動の報告書

イ　温室効果ガスを排出する産業から投資を引き上げること

ウ　投資家からお金を集め専門家が運用し，収益を還元する金融商品

エ　企業の業績と連動せずに株価が高騰すること

　　　a バブル　　　b ダイベストメント　　　c アニュアルレポート　　　d 投資信託

A　アー c　イー b　ウー d　エー a　　C　アー c　イー d　ウー a　エー b

B　アー b　イー c　ウー d　エー a　　D　アー b　イー c　ウー a　エー d　　（　　　）

Q **3. 株式投資の説明として適切でないものを1つ選ぼう**

A　株式購入のために支払ったお金は銀行を通して企業の活動資金にあてられる

B　株式を購入すると株主総会に出席して企業の意思決定に参加することができる

C　企業の収益が上がると株主は配当金を受け取ることができる

D　株価が値上がりした場合，株式を売却して利益を得ることができる　　（　　　）

Q **4. ESG投資とは関係のないものを1つ選ぼう**

A　収益を上げるだけでなく，環境保護や社会課題に貢献している

B　コンプライアンスを遵守し，投資家に必要な情報を公開している

C　長期的に持続可能なビジネスモデルをもっている

D　株価や株主の配当を上げるよう努力している

E　外国人や障がい者など多様な人材を雇用している　　（　　　）

*think about it!* **投資家になって考えてみよう**

Q あなたが株式を購入したいと思う企業を1つ挙げてみよう。なぜその会社を選んだのか，理由も書いてみよう

✎ 企業（　　　　　　　　）

_____

_____

_____

_____

# グローバル化と経済統合

教科書
p.162-163

## 経済でつながる世界

1. 商品，金融，労働力，❶＿＿＿＿などが国を超えて行き来する状況を，経済のグローバル化という。

2. 企業が工場建設などのために国外に直接資本を投下することを❷＿＿＿＿＿＿＿という。

3. 国際経済問題の解決を目指して❸＿＿＿＿＿＿（主要国首脳会議）が開催されている。

4. ❸には，日本，アメリカ，イギリス，フランス，ドイツ，イタリア，❹＿＿＿＿の7ヵ国とEUの首脳が参加している。

5. 国土が広く天然資源が豊富な新興国5ヵ国を頭文字から❺＿＿＿＿＿＿と呼ぶ。

6. 2008年からは先進国，新興国，その他の経済力の大きい国も参加する❻＿＿＿＿＿＿＿＿（金融サミット）が開かれている。

## EU，ASEANほか地域的経済統合

7. EU（欧州連合）では単一通貨❼＿＿＿＿＿を導入している。

8. 前身のECは1993年，政治経済の統合と推進を目指して❽＿＿＿＿＿条約を締結し，これを機にEUが誕生した。

9. 2009年には❾＿＿＿＿＿＿条約で欧州理事会常任議長（EU大統領）が創設された。

10. 物品の関税や輸入制限の撤廃を目指す自由貿易協定を❿＿＿＿＿＿という。

11. ❿に加え外国人労働者の受け入れ，資本移動の自由化も含む経済連携協定を⓫＿＿＿＿＿という。

12. ⓬＿＿＿＿＿（環太平洋経済連携協定）は，2017年にアメリカが離脱，2023年にイギリスが加盟し，12ヵ国体制になった。

13. アメリカ，メキシコ，カナダで結ばれた貿易協定を⓭＿＿＿＿＿＿という。

14. ブラジル，アルゼンチンなど南米域内の関税撤廃を目的とした同盟を⓮＿＿＿＿＿＿＿＿＿という。

15. AFTAは東南アジア諸国連合（⓯＿＿＿＿＿＿＿）における自由経済地域のことである。

16. 太平洋を囲むアジア諸国の経済協力を議論するフォーラムを⓰＿＿＿＿＿＿（アジア太平洋経済協力）という。

17. 自国の産業を守るため関税などを引き上げる政策を⓱＿＿＿＿貿易という。

18. 18世紀の経済学者リカードは，貿易相手国それぞれが得意な産業に特化した方が全体の生産量が増加するという⓲＿＿＿＿＿＿＿を示した。

19. 農産物を安定的に供給し，不測の事態に備えて必要最低限な食料は確保すべきという考え方を⓳＿＿＿＿＿＿＿＿＿＿（食の安全保障）という。

❶＿＿＿＿＿＿＿＿＿
❷＿＿＿＿＿＿＿＿＿
❸＿＿＿＿＿＿＿＿＿
❹＿＿＿＿＿＿＿＿＿
❺＿＿＿＿＿＿＿＿＿
❻＿＿＿＿＿＿＿＿＿
❼＿＿＿＿＿＿＿＿＿
❽＿＿＿＿＿＿＿＿＿
❾＿＿＿＿＿＿＿＿＿
❿＿＿＿＿＿＿＿＿＿
⓫＿＿＿＿＿＿＿＿＿
⓬＿＿＿＿＿＿＿＿＿
⓭＿＿＿＿＿＿＿＿＿
⓮＿＿＿＿＿＿＿＿＿
⓯＿＿＿＿＿＿＿＿＿
⓰＿＿＿＿＿＿＿＿＿
⓱＿＿＿＿＿＿＿＿＿
⓲＿＿＿＿＿＿＿＿＿
⓳＿＿＿＿＿＿＿＿＿

memo
- - - - - - - - - - - - -
- - - - - - - - - - - - -
- - - - - - - - - - - - -
- - - - - - - - - - - - -
- - - - - - - - - - - - -
- - - - - - - - - - - - -
- - - - - - - - - - - - -

**演習問題**

### EUについての説明として適切でないものを1つ選ぼう

A イギリスは国民投票の結果を受けてEUから離脱した

B EUの単一通貨は，スロベキアの財政危機を発端に一時暴落した

C 経済だけでなく政治的統合を目指すためEU大統領が置かれている

D 移民が増えた結果，自国民の失業率が上がるというジレンマを抱えている

（　　　　）

# 格差是正と多文化主義

## 南北問題

1. 国連開発計画は，平均寿命や識字率などのデータから算出される国ごとの格差を❶＿＿＿＿＿＿＿＿＿（HDI）としてまとめている。

2. 発展途上国の多くは，農産物などの特定品目に依存して経済が成り立っている。このような形態を❷＿＿＿＿＿＿＿経済という。

3. 産油国であるサウジアラビアは，❸＿＿＿＿＿（石油輸出機構）に加盟し，生産量を調整して原油価格を維持している。

4. 発展途上国の中でも原油などの資源もなく工業化が進まない国々を❹＿＿＿＿＿＿＿＿＿（LDC）という。

5. このような発展途上国間での格差問題を❺＿＿＿＿＿＿と呼ぶ。

## 格差是正のための先進国の取り組み

6. 1964年には❻＿＿＿＿＿＿＿＿＿（国連貿易開発会議）が設立され，発展途上国の関税制度や先進国の援助目標などが示された。

7. ❻の第1回プレビッシュ報告では，「援助より❼＿＿＿を」と提言された。

8. 援助のあり方を検討する際，もっとも効率的で効果の大きい選択肢に資金を向けるべきだという考え方を「❽＿＿＿＿な＿＿＿主義」という。

9. 「先進国クラブ」ともいわれる❾＿＿＿＿＿（経済協力開発機構）は，発展途上国への経済支援などを目的に組織され，その下部組織に❿＿＿＿＿（開発援助委員会）がある。

10. 日本は⓫＿＿＿＿＿（政府開発援助）でアジア地域の発展途上国を援助している。

11. 1974年，資源産出国と先進国の間での交易条件改善などを盛り込んだ「⓬＿＿＿＿＿＿＿（新国際秩序）樹立宣言」が採択された。

12. 発展途上国の製品を適正な価格で取り引きすることを⓭＿＿＿＿＿＿＿＿＿という。

13. 2015年に国連が設定した持続可能な開発目標を⓮＿＿＿＿＿＿という。

## 多文化主義の深まり

14. 多民族国家であるアメリカは「⓯＿＿＿＿の＿＿＿＿」といわれている。

15. ⓯に対し，それぞれが差異を認めながら棲み分けて共存する社会を⓰＿＿＿＿＿＿＿＿という。

16. 多文化主義とは1970年代に⓱＿＿＿＿＿やオーストラリアに始まり，現在では国際社会のあり方を示す重要な理念とされている。

17. 民族紛争やテロの背景には，自民族の文化以外を否定する⓲＿＿＿＿＿＿＿＿（エスノセントリズム）の思想があるといわれる。

❶＿＿＿＿＿＿＿＿＿
❷＿＿＿＿＿＿＿＿＿
❸＿＿＿＿＿＿＿＿＿
❹＿＿＿＿＿＿＿＿＿
❺＿＿＿＿＿＿＿＿＿
❻＿＿＿＿＿＿＿＿＿
❼＿＿＿＿＿＿＿＿＿
❽＿＿＿＿＿＿＿＿＿
❾＿＿＿＿＿＿＿＿＿
❿＿＿＿＿＿＿＿＿＿
⓫＿＿＿＿＿＿＿＿＿
⓬＿＿＿＿＿＿＿＿＿
⓭＿＿＿＿＿＿＿＿＿
⓮＿＿＿＿＿＿＿＿＿
⓯＿＿＿＿＿＿＿＿＿
⓰＿＿＿＿＿＿＿＿＿
⓱＿＿＿＿＿＿＿＿＿
⓲＿＿＿＿＿＿＿＿＿

memo
- - - - - - - - - - - - -
- - - - - - - - - - - - -
- - - - - - - - - - - - -
- - - - - - - - - - - - -
- - - - - - - - - - - - -
- - - - - - - - - - - - -

演習問題

### 発展途上国の経済の説明として誤っているものを1つ選ぼう

A 発展途上国への支援には，一時的な経済援助でなく，貿易による自立の支援が求められている

B フェアトレードとは発展途上国製の商品を市場より高値で購入し，寄付を行う仕組みである

C 資源ナショナリズムの高まりから，資源をもつ国ともたざる国の格差が問題となっている

D OPEC加盟国は，価格調整ができるため経済的に安定している　　　　　　　（　　　　）

# 私たちにできる「最善」は何か？

演習問題

**Q 1. 下の文章は「私たちにできる『最善』は何か？」の授業を受けた生徒の会話である。文章を読み，設問に答えよう**

生徒A：私もフェアトレード商品に興味がわいてきた。今度スーパーで探してみようかな。

生徒B：確かに普通は値段と品質，あとはブランドなんかで何を買うか選ぶけれど，生産者のことまで意識したことはなかったな。フェアトレードって ア ということだよね。

生徒C：僕は同じお金を使うなら，直接慈善団体に寄付した方が効果は大きいと思う。自分が支援したい国や活動内容を選べる方がいい。クラウドファンディングみたいな イ という方法もあると思う。

生徒A：でも寄付する余裕のない人でも，気軽に支援に参加できるのがフェアトレードの良いところだと思う。

生徒B：そうだね，中村哲さんのアフガニスタンでの活動は素晴らしいと思うけれど，誰でもできることじゃないよね。高校生の私たちが今できる最善は何だろう？

**アとイの空欄に入る組み合わせとして適切なものを選ぼう**

> ア
> a 生産者から直接商品を買うことで中間業者に利益を搾取されないようにする
> b 誰がどのようにして商品を作ったのか，倫理的に問題のない商品を選ぶ
> c 地球環境にやさしいエコロジカナルな素材や技術で作られた商品を選ぶ

> イ
> d 投資　　　e 贈与　　　f 交換

A アーa　イーd　　　C アーa　イーe　　　E アーb　イーd

B アーc　イーe　　　D アーb　イーf　　　　　　　　（　　　　）

**Q 2. 以下は国連のWFP（世界食糧計画）のホームページで寄付を募るためのキャッチコピーである。適切なものをすべて選ぼう**

A 3000円の寄付で栄養ペースト120個

B 5000円の寄付で子ども1人の1年分の学校給食

C 10000円の寄付で6人に1ヵ月分の食料支援　　　　　　　　　　（　　　　）

**Q 3. コロナ禍で行われたことの中で利他的な行動といえるものを2つ選択しよう**

A マスクやワクチンが足りない国に，余裕のある国が分け与えた

B 人と人の接触を避けるために，都市のロックダウンが行われた

C 休業した飲食店への営業補償として税金が投入された

D 医療従事者は感染のリスクがあるにもかかわらず感染者の治療にあたった　（　　　）（　　　）

*think about it!*　　**「最善」について考えてみよう**

**Q** 教科書p.110のマンガ「見知らぬ国の人を助けるべきか？」を読み，あなたの感想を書いてみよう

# コメは「国産」にこだわるべきか？

**Q** **1. 下の表はX国，Y国のコメ，小麦の生産に必要な労働力を示している。設問に答えよう**

演習問題

| | X国 | Y国 | 2ヵ国の総生産量 | | | X国 | Y国 | 2ヵ国の総生産量 |
|---|---|---|---|---|---|---|---|---|
| コメ1単位を生産するのに必要な労働力 | 50人 | 45人 | 2単位 | 両国が得意な産業に特化し，自由貿易を行った場合 | | 110人 | 0人 | ア |
| 小麦1単位を生産するのに必要な労働力 | 60人 | 40人 | 2単位 | | | 0人 | 85人 | イ |

(1) ア，イを埋める数字の組み合わせとして，適切なものはどれか
A　ア−2.225　イ−2.1　　C　ア−2.2　イ−2.125
B　ア−2.125　イ−2.2　　D　ア−2.1　イ−2.225　　（　　　）

(2) 表についての説明として誤っているものを1つ選ぼう
A　コメも小麦もY国が少ない人数で生産できるので，自由貿易を行ってもY国に利益はない
B　X国がコメ，Y国が小麦の生産に特化すれば，生産できるコメと小麦の総生産量は増える
C　X国はコメの生産について，Y国に対して比較優位を持つ
D　両国が得意な産業に特化し自由貿易を行った場合でも，全体の労働力は変わらない　　（　　　）

**Q** **2. コメの自由化で受ける影響は，生産者と消費者で異なる。A〜Dを表内の適切な場所に置こう**

演習問題

| | 生産者 | 消費者 |
|---|---|---|
| メリット | | |
| デメリット | | |

A　外国産の安いコメに押されて日本のコメが売れなくなる
B　産地にこだわらず安いコメが選べるようになる
C　日本のコメを海外へ輸出しやすくなる
D　コメを輸入に頼ると，食料危機が起こったときに食べられなくなる危険がある

**Q** **3. フード・セキュリティ（食の安全保障）の観点から有効な施策を2つ選ぼう**

演習問題

A　農業の効率化を進めて小規模農家でも利益が出せるようにする
B　和食のおいしさを世界にアピールして輸出を増やす
C　農産物の関税を上げて国内の農家を保護する
D　自由貿易交渉を進めて食品の輸出入をしやすくする　　（　　　）（　　　）

## *think about it!* 農業の未来について考えてみよう

**Q** 安くておいしい農産物を輸入し消費することと，国内の農業生産を持続可能なものにすることは，どうすれば両立可能だろうか。消費者，生産者それぞれの立場で考えてみよう

🖉 消費者
_____
_____

🖉 生産者
_____
_____

# 「つながりっぱなし」の私

**演習問題**

**Q** 1. 下のグラフは青少年のインターネットの利用率を，機器別，学校別に表している。グラフを読み解き設問に答えよう

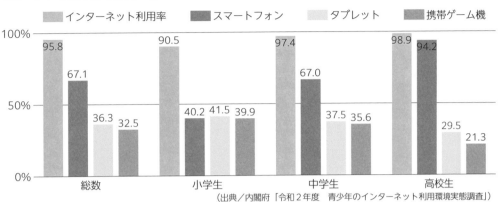

凡例: インターネット利用率　スマートフォン　タブレット　携帯ゲーム機

- 総数: 95.8 / 67.1 / 36.3 / 32.5
- 小学生: 90.5 / 40.2 / 41.5 / 39.9
- 中学生: 97.4 / 67.0 / 37.5 / 35.6
- 高校生: 98.9 / 94.2 / 29.5 / 21.3

（出典／内閣府「令和2年度　青少年のインターネット利用環境実態調査」）

グラフの説明として<u>誤っている</u>ものを1つ選ぼう

**A** スマートフォンの利用率は年齢と比例して高まっている
**B** 中学生のスマートフォン利用率は，全体の平均値より低い
**C** 9.5%の小学生はインターネットを利用していない
**D** タブレットの利用率がスマートフォンより高いのは中学生である　　　　　（　　　　　）

**演習問題**

**Q** 2. 「誰が水を発見したかはわからないが，それは魚ではないことはたしかだ」とメディア環境をたとえたマクルーハンの言葉の説明として適切なものはどれか

**A** 常に水の中にいる魚が水を自覚できないように，人間はメディア環境に自覚的になることは難しい
**B** 水を発見したのが魚ではないように，メディアを発明したのは人間ではない
**C** 魚が水の中でしか生きられないように，人間にとってメディアは必要不可欠なものだ
**D** 魚が水の中を自在に泳ぐように，人間もメディアという環境の中で自由に生きている　　（　　　　　）

**演習問題**

**Q** 3. マスメディアとソーシャルメディアの違いの説明として，適切なものを1つ選ぼう

**A** マスメディアは新聞やテレビなど大企業が運営するメディアであり，ソーシャルメディアは中小企業による情報発信ツールである
**B** ソーシャルメディアはスマートフォンやパソコンなどで閲覧する電子情報だが，マスメディアは紙や電波などを通してしか情報を受け取れない
**C** マスメディアは情報の発信元が限定されるが，ソーシャルメディアは誰もが自由に発信できるネットワーク型のメディアである
**D** マスメディアは確実な事実を発信するが，ソーシャルメディアは個人が発信する情報なのでデマや誇張が混ざっている　　　　　（　　　　　）

**演習問題**

**Q** 4. メディアの問題点について教科書p.170-171の記述内容に近いものを1つ選ぼう

**A** 常にスマートフォンをいじっている「つながりっぱなし」の若者は，ネットではなく実社会とつながるべきだ
**B** インターネットが普及したことで，人は常に膨大な量のメディアにさらされており，ネットとリアルの区別がつかない危険な状態だ
**C** さまざまなメディアに囲まれて生きることが私たちの条件なので，メディアの仕組みについてもっと学ぶべきだ
**D** メディアは人と人つなぐ媒介にすぎず，本質的なものではない　　　　　（　　　　　）

# インターネットは公共圏か？

**Q** **1. 下の文章はインターネットについての生徒の会話である。文章を読み，設問に答えよう**

生徒A：インターネットの検索結果って人によって違うんだね。a フィルターバブルというネット特有の現象は知らなかったね。

生徒B：そうだね。ネットで見つけた情報や商品は自分で探して選んだと思っていたけれど，　ア　があらかじめ私の好みを予測していたとは驚きだったな。

生徒A：私の場合，マンガが好きでいろいろ調べているから，やたらとマンガアプリの広告ばかりが表示されて，ちょっと不快だな。

生徒B：広告表示を停止させる　イ　という方法もあるから試してみたら？

生徒A：そうだね。でもぜんぶ遮断するのってけっこう大変だよね。

生徒B：やっぱり，こうやって人とリアルで話すことが大切かも。生活環境や好みや考え方が違う人と話すと，自分の興味がなかったことにも関心が湧いたりするよね。

生徒A：たしかに，それはよくある。そう考えると学校って同じ空間に先生も生徒もいろいろな人がいるから面白いのかも。

生徒B：b 意見や趣味が合わない人ともコミュニケーションをとることで，コミュニティが形成されるというのが授業で習った　ウ　という考え方なんだね。

(1) **ア，イ，ウの空欄に入る語句の組み合わせとして正しいものはどれか**

A アーアルゴリズム　　イーオプトアウト　　ウ－公共圏

B アープログラム　　イーオフライン　　ウ－社会契約

C アーシステム　　イーオフライン　　ウ－民主主義

D アーアルゴリズム　　イーオプトイン　　ウ－公共圏　　　　　　　　（　　　）

(2) **下線部a「フィルターバブル」の言葉の使い方として適切なものを1つ選ぼう**

A ネットの情報はあらかじめネット企業により検閲されており人々はフィルターバブルの中に閉じ込められている

B SNSで炎上が起こりやすいのは，自分と似た考えの人たちが集まるフィルターバブルが影響している

C ネットで人々の不安をあおり，フィルターバブルに囲い込み誘導し世論を操作しようとするポピュリストは危険だ

D 特定のサイトにアクセスが集中するとフィルターバブルが起こり，情報が遮断されてしまう　（　　　）

(3) **下線部bをインターネットで実践するために適切でない行動を1つ選ぼう**

A 自分の考え方に批判的な立場の人の主張も見たり読んだりする

B SNSでフォローする人を増やして仲間を増やす

C オフラインで見たり聞いたりしたことをオンラインで調べてみる

D ネットで見たり読んだりした情報が正しいのか，検索ワードを工夫して検証する　（　　　）

**Q** **2. インターネットについての説明で適切でないものを1つ選ぼう**

A いろいろな人が情報を発信する集合知の場である

B フィルターバブルにより自分の好みや主張が増幅され，反対意見が見えづらくなる

C インターネットにも表現の自由はあるが，匿名性が高いためヘイトスピーチや炎上が起こりやすい

D インターネットは現実の社会を反映した公共的なメディアである　（　　　）

*think about it!* **インターネットを利用した政治参加について考えよう**

**Q** 誰もが自由に発言できるインターネットの利点を市民の政治参加に利用する場合，どのような課題があるだろうか。課題解決の施策も含めて考えてみよう

_____

_____

# メディア日誌を付けてみよう

月　　日（　　）

| 時間<br>（から） | 時間<br>（まで） | 合計時間 | メディアの種類 | 内容（具体的に） |
|---|---|---|---|---|
|  |  |  |  |  |
|  |  |  |  |  |
|  |  |  |  |  |
|  |  |  |  |  |
|  |  |  |  |  |
|  |  |  |  |  |
|  |  |  |  |  |
|  |  |  |  |  |
|  |  |  |  |  |

朝起きてから夜寝るまで，1日でどんな「メディア」に接したか，すべて書きだしてみよう。

内容はできるだけ具体的に細かく書こう。

例）ゲームをした，合間に〇〇とラインをした，〇〇の写真を撮った，〇〇について調べた，家に届いたチラシを見た，街で〇〇の看板を目にした，カフェでメニューを見て注文した，等。

# 重要語句を確認しよう

## 市場経済

① _____ **1** 需要量と供給量が一致する取り引き成立価格を何というか

② _____ **2** アダム・スミスは，市場経済では利己的に利益を追求しても，富が分配され社会全体の利益が増大していく過程を何と表現したか

③ _____ **3** 世界的な巨大IT企業4社を頭文字から何と総称するか

④ _____ **4** 複数の同業企業が価格や生産量で協定を結んで市場を調整することを何というか

⑤ _____ **5** 親会社が複数の子会社の株をもち支配することを何というか

⑥ _____ **6** 公正な経済活動を保つために設置されている機関は何か

⑦ _____ **7** 「経済の憲法」といわれる，公正な市場経済を保つための法律は何か

⑧ _____ **8** 寡占市場において，他社の価格目安になる優位企業を何というか

⑨ _____ **9** 企業間の価格競争がなく，価格が下がらないことを何というか

⑩ _____ **10** 経済活動が間接的に引き起こすプラスの効果を何というか

## 金融

① _____ **1** 銀行などが資金を集め，預金を個人や企業に貸し出す金融を何というか

② _____ **2** 株式などを発行し，企業が直接出資者から資金を集める金融を何というか

③ _____ **3** 株式市場，債券市場を総称して何というか

④ _____ **4** 銀行間での資金の融通のうち，短期で資金の貸し借りを行う場を何というか

⑤ _____ **5** 担保不要で融資翌日に返済する資金取引を何というか

⑥ _____ **6** 銀行の預金通貨が企業などに貸し出された後，また銀行に預けられる中で，最初の預金の何倍もの貸出を行うことができる仕組みを何というか

⑦ _____ **7** 社会全体の通貨の総量を何というか

⑧ _____ **8** 国家や中央銀行が発行する法定通貨ではなくデジタルデータ上のみで流通する通貨を何というか

⑨ _____ **9** ネット銀行や電子マネーのように金融とITを結びつけたサービスを何というか

⑩ _____ **10** 適正な会計情報の開示のため，企業が資産や負債の状況を示したものを何というか

⑪ _____ **11** 日銀の役割には，「銀行の銀行」「政府の銀行」と，もう1つ何があるか

⑫ _____ **12** 発行する紙幣を保有する金の量と結び付ける制度を何というか

⑬ _____ **13** 金の保有量と無関係に通貨の流通量を調整する制度を何というか

⑭ _____ **14** 不況時に行う，通貨の供給量を増やして金利を下げる政策を何というか

⑮ _____ **15** 好況時に行う，供給量を減らし金利を上げる政策を何というか

⑯ _____ **16** 預金準備金の割合を操作して通貨量を調整する政策を何というか

⑰ _____ **17** 日銀が民間金融機関に貸し出す金利を操作する政策を何というか

⑱ _____ **18** 物価が継続して下落していく現象を何というか

⑲ _____ **19** 1999年に導入した無担保コールレートを0％に誘導する政策は何か

⑳ _____ **20** 銀行が日銀に預けた預金に対して手数料を取ることを何というか

㉑ _____ **21** 日銀が目標としている物価上昇率は何％か

# 重要語句を確認しよう

22 日銀が投資信託などを積極的に買う金融政策を何というか 〔22〕

23 戦後行われていた，政府が金融機関を保護する政策を何というか 〔23〕

24 1996年から始まった日本の金融システム改革を何というか 〔24〕

25 金融機関が破綻した場合，元本1000万円までとその利息を補償する仕組みを何というか 〔25〕

26 投資家から集めた資金を専門家が運用し，収益を投資家へ還元する金融商品を何というか 〔26〕

27 環境，社会，企業統治に配慮した企業に投資することを何というか 〔27〕

## 国際経済

1 企業が国外で事業展開するため，国外工場などに直接投資することを何というか 〔1〕

2 日本，アメリカ，イギリス，フランス，ドイツ，イタリア，カナダの先進国7ヵ国の首脳が集まる会議を何と呼ぶか 〔2〕

3 新興国の中でも経済発展が著しい国5ヵ国を頭文字から何と呼ぶか 〔3〕

4 先進国，EU，経済発展著しい新興国の首脳が集まる金融サミットを通称何というか 〔4〕

5 欧州理事会常任議長（EU大統領）が設置された2009年の条約は何か 〔5〕

6 2016年の国民投票で可決され，2020年にEUから離脱した国はどこか 〔6〕

7 東南アジア諸国連合をアルファベット5文字で何というか 〔7〕

8 北米域内の関税撤廃などを目的とした同盟をアルファベット5文字で何というか 〔8〕

9 日本を含む太平洋地域12ヵ国の経済連携協定をアルファベット3文字で何というか 〔9〕

10 自国の産業を守るため，関税などを引き上げる貿易を何というか 〔10〕

11 18世紀の経済学者リカードが唱えた，それぞれの国が得意な産業に特化し貿易を行った方が全体の生産量が増加するという考え方を何というか 〔11〕

12 農産物や鉱産物などの一次産品に依存する経済を何というか 〔12〕

13 発展途上国の中でも，資源もなく工業化が進まない国々を何というか 〔13〕

14 発展途上国間での格差のことを何というか 〔14〕

15 平均寿命や識字率などから算出される国ごとの格差を表す指標を何というか 〔15〕

16 発展途上国の経済開発や支援を目的に1964年に設立された国連の常設機関は何か 〔16〕

17 日本を含む先進国38ヵ国が加盟する経済機構をアルファベット4文字で何というか 〔17〕

18 政府開発援助のことをアルファベット3文字で何というか 〔18〕

19 資源産出国が，先進国との間での交易条件の改善を求めた宣言は何か 〔19〕

20 発展途上国の製品を適正価格で取り引きする仕組みを何というか 〔20〕

21 多様な民族の文化や伝統を多様性として認め合い共存する社会を何と表現するか 〔21〕

## 発展問題

### 女性の年齢別労働力率の推移

下のグラフは，日本における女性の年齢別労働力率の推移を示している。グラフを読み解き設問に答えよう

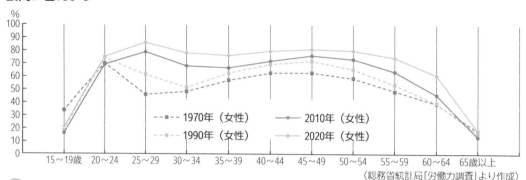

（総務省統計局「労働力調査」より作成）

**Q** グラフから読みとれることとして正しいものをA〜Dの中から1つ選ぼう
※男女雇用機会均等法の制定は1985年

**A** 男女雇用機会均等法が制定された5年後では，年齢別階層の中で25〜29歳の労働力率がもっとも高い

**B** 男女雇用機会均等法が制定された25年後では，年齢別階層の中で25〜29歳の労働力率がもっとも高い

**C** 男女雇用機会均等法が制定された35年後では，年齢別階層の中で45〜49歳の労働力率がもっとも高い

**D** 男女雇用機会均等法が制定される15年前では，年齢別階層の中で45〜49歳の労働力率がもっとも高い

（　　　　　）

### 一般会計歳出に占める主要経費別割合

下のグラフは，日本における一般会計歳出に占める主要経費別割合の推移を示している。グラフを読み解き設問に答えよう

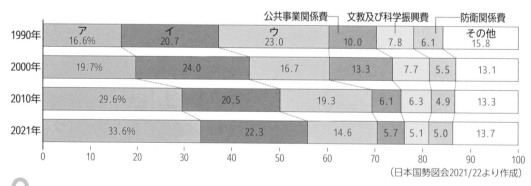

（日本国勢図会2021/22より作成）

**Q** グラフ中のア〜ウにあてはまる組み合わせとして正しいものをA〜Fの中から選ぼう

**A** ア−地方交付税交付金　　イ−国債費　　　　　　　ウ−社会保障関係費

**B** ア−地方交付税交付金　　イ−社会保障関係費　　ウ−国債費

**C** ア−国債費　　　　　　　イ−地方交付税交付金　ウ−社会保障関係費

**D** ア−国債費　　　　　　　イ−社会保障関係費　　ウ−地方交付税交付金

**E** ア−社会保障関係費　　　イ−国債費　　　　　　　ウ−地方交付税交付金

**F** ア−社会保障関係費　　　イ−地方交付税交付金　ウ−国債費

（　　　　　）

# QUESTION
## 発展問題

需要供給曲線

下の①～④のグラフは，それぞれ需要供給曲線がシフトする状況について示している。グラフを読み解き設問に答えよう

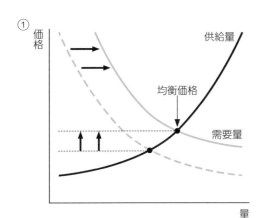

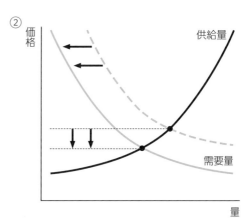

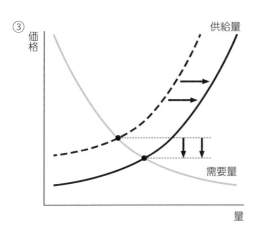

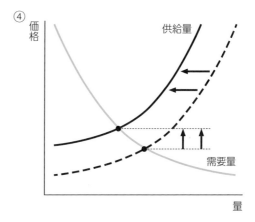

**Q** ア～エの場合にあてはまるグラフの組み合わせとして正しいものはどれか

ア 台風の影響で不作となったことから，キャベツの価格が高くなった

イ 年末年始で休暇をとる人が増えたことから，ホテル等の宿泊料金が高くなった

ウ 一時のブームが過ぎたことから，携帯型ゲーム機の価格が下がった

エ 新型機械の導入で増産体制ができたことから，高機能飲料の価格が下がった

A ア－①  イ－④  ウ－③  エ－②
B ア－①  イ－④  ウ－②  エ－③
C ア－④  イ－①  ウ－③  エ－②
D ア－④  イ－①  ウ－②  エ－③
E ア－③  イ－②  ウ－①  エ－④
F ア－③  イ－②  ウ－④  エ－①

(     )

memo ✎